PIERLUIGI ROMEO DI COLLOREDO MELS

LE GUERRE ETRUSCHE
482-264 a.C.

Pierluigi Romeo di Colloredo Mels è archeologo professionista e storico militare; laureato e specializzato in Archeologia orientale, collabora con la Soprintendenza Archeologica per il Lazio ed è consulente del Nucleo Tutela BBCC dell'Arma dei Carabinieri; autore di numerosi articoli scientifici e saggi storici, ha pubblicato, tra gli altri, *Il trionfo di Vespasiano*, Roma 2015, *Roma contro Roma. Le due battaglie di* Bedriacum, *69 d.C.*, Bergamo 2018; *Amazzoni. Leggenda e realtà delle donne guerriere dai miti greci ai kurgan sciti*, Roma 2020; *Le guerre sannitiche 343- 290 a.C. Il conflitto tra Romani e Sanniti nella narrazione di Tito Livio*, Bergamo 2020; *I vichinghi in Italia. Dalla distruzione di Luni ad Harold Hardrada*, Bergamo 2021; *Cesare*, Bergamo 2022; *Etrusca Disciplina. L'indissolubile legame tra Etruria e Roma*, Bergamo 2023.

STORIA

ISBN: 9788893279994 prima edizione luglio 2023
SPS-099 *Le guerre etrusche 482-264 a.C.*
by Pierluigi Romeo di Colloredo Mels
Editor: **Luca Stefano Cristini Editore per i tipi di Soldiershop serie Storia**- Cover & Art Design: L. S. Cristini e P. Romeo di Colloredo Mels

INDICE

Premessa	5
La crisi militare etrusca del VI secolo a.C.	7
Veio	17
Gli eserciti:	21
- Gli Etruschi	
- I Romani	
La guerra tra Veio e Roma, 482- 480	27
I trecento Fabii e la battaglia del Cremera, 477	33
Le battaglie del Gianicolo e di Veio, 476- 475	41
La battaglia di Fidene e la morte di Lars Tolumnio, 437	45
La distruzione di Fidene, 426	53
Dieci anni di assedio, 406- 399	56
Furio Camillo, 399- 396	63
Sutrium, 389	84
Le guerre contro Tarquinia, 388- 353	92
La legione contro la falange	103
La selva Cimina, 311-310	105
La battaglia del Lago Vadimone, 309	109
Rusellae, 301	113
Clusium, 295	117
La distruzione di *Volsinii*, 264	121
Finis Etruriae	133
Fasti Triumphales	139
Bibliografia	143

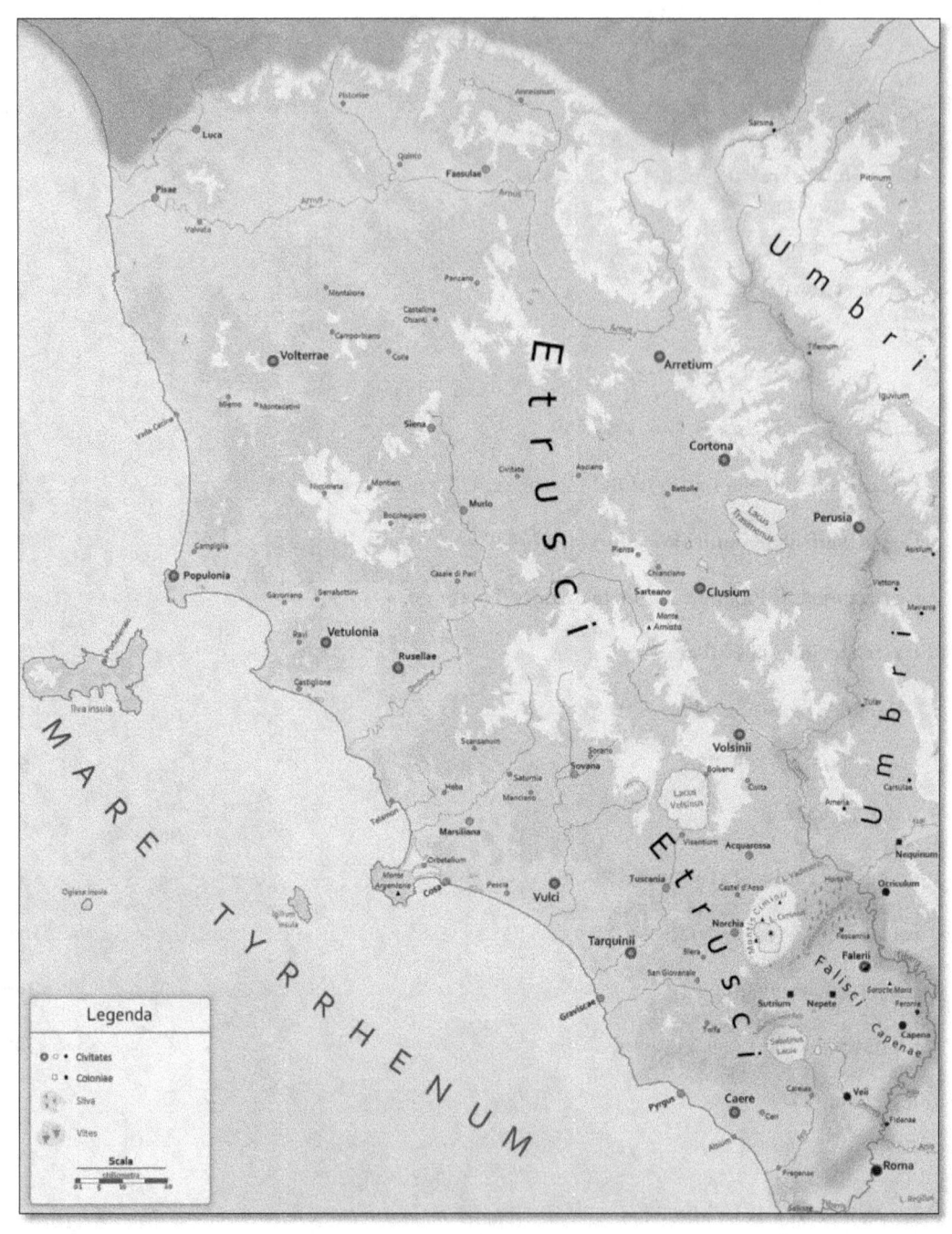

L'Etruria al tempo delle guerre contro Roma

PREMESSA

Dopo la cacciata del re Tarquinio il Superbo nel 249 *ab Urbe condita* -509 avanti Cristo [1], Roma si trovò di fronte il suo primo vero avversario: la potente città stato etrusca di Veio, *urbs opulentissimae Etrusci nominis*[2], la più ricca città d'Etruria, che sorgeva a meno di venti chilometri dalla rivale ed il cui territorio correva lungo la riva destra del Tevere sino alle saline sul Tirreno, nota appunto come *ripa Veientana*.
Era una questione di vita o di morte: solo una delle due città, troppo ricche, troppo potenti e troppo vicine tra loro sarebbe sopravvissuta. Ben presto la lotta tra le due città divenne endemica, con periodi di guerra aperta alternati ad altri in cui Etruschi e Romani scorrevano il territorio dei rivali in cerca di razzie.
Il territorio di Veio, il più vasto tra quello di tutte le città stato etrusche, si estendeva a sud fino al Tevere, dove confinava con Fidene e Roma; ad ovest fino al mare; a nord comprendeva probabilmente il Lago Sabatino (oggi lago di Bracciano), confinando con *Caere*, e dominando il commercio del sale di cui controllava l'estrazione sulla costa tirrenica, oltre a commerciare quello proveniente dalle miniere dell'Italia centrale, sale scambiato con beni di lusso come bronzi e vasellame provenienti dalla Grecia e dal Mediterraneo orientale.
Sebbene non esistano prove certe, la storiografia romana sostiene che le prime lotte tra le due città sarebbero iniziate già ai tempi di Romolo, il quale avrebbe conquistata la testa di ponte del Gianicolo sulla riva destra del Tevere, mentre Anco Marzio, quarto re di Roma, avrebbe conquistato la *ripa Veientana* del fiume sino alla foce, fondandovi Ostia e sfruttandone le saline.
Stando alla tradizione, in seguito alla caduta della monarchia etrusca, i territori strappati a Veio da Roma sarebbero stati restituiti da Porsenna ai Veienti e infine riconquistati dai romani dopo la battaglia di *Aricia*, in cui gli Etruschi erano stati sconfitti da una coalizione formata da Greci di Cuma e dai Latini. Le guerre contro Veio ricominciarono nel 269 a.U.c.- 485 a.C. o nel 271- 483: un primo periodo di lotte ebbe per episodî salienti la vittoria dei consoli Cneo Manlio e Marco Fabio e l'episodio della guerra privata costata la vita a trecentosei tra membri della *gens Fabia* e loro *clientes*, massacrati sul Cremera. I Veienti avanzarono poi fino al Gianicolo, mettendo Roma in serio pericolo, ma furono battuti a Porta Collina (dove oggi è il ministero delle Finanze, su via XX Settembre) e obbligati a ritirarsi; vinti nuovamente negli anni seguenti, furono nel 280-474 costretti a giurare di mantenere la pace con Roma per quarant'anni.
Nel 316 a.U.c.- 438 a. C. la guerra si riaccese, dopo che Veio aveva spinta Fidene a ribellarsi, ma la lega delle due città venne sconfitta. ed il sovrano veiente, Lars Tolumnio, fu ucciso dal console Cornelio Cosso.
Una nuova incursione di Veienti e Fidenati terminò con la cattura romana di Fidene e una nuova tregua, rotta nel 328- 426: Fidene fu saccheggiata e distrutta, e Veio costretta a far la pace per vent'anni.

---

[1] Abbiamo scelto di utilizzare la doppia datazione, *ab Urbe condita* (a.U.c.) secondo il computo romano e quella avanti Cristo (a.C.) oggi in uso; quando non compaiono le due sigle, la prima data è sempre quella romana; tutte le date del calendario volgare sono da intendersi a.C.
[2] Livio, *Ab urbe condita*, V, 22.

Nel 347- 407, secondo Livio, un anno dopo, secondo Diodoro Siculo, ebbe inizio l'ultima, decisiva lotta tra Roma e Veio

Infine nel 358 a.U.c.- 396 a.C., dopo un assedio che la tradizione vuole durasse dieci anni come quello di Troia, il genio di Furio Camillo riuscì a conquistare la città, scavando una galleria sotterranea sin sotto l'acropoli della città, radendola al suolo e muovendo il primo passo verso la conquista romana di tutta l'Etruria.

Sarà l'argomento di questo libro, nel quale abbiamo scelto di fr parlare il più possibile gli autori antichi, soprattutto Tito Livio, pur tenendo presente che molto di quanto riportato dalla storiografia antica è da prendere con cautela.

Veio fu solo il primo passo. Una volta che i Romani ebbero conquistata la prima città etrusca, il conflitto con le varie città stato tirreniche divenne endemico, a partire dalle lotte per le città di *Sutrium* e *Nepet*, alleate di Roma, sino alle guerre contro Tarquinia, con alterne vicende, che si svolsero dal 388 al 353 a.C.e delle quali ci rimane, negli Elogia tarquiniensia, una rarissima testimonianza di *parte etrusca*.

Una nuova guerra contro Vulci, *Volsinii* e *Clusium* iniziata nel 443 a.U.c.- 311 a.C. vide i Romani, che e seguito delle guerre sannite avevano oramai adattata la formazione manipolare abbandonando la falange oplitica, sconfiggere ancora una volta i nemici a *Sutrium*, attraversare la selva Cimina; la guerra culminò nella vittoria decisiva romana del lago Vadimone.

Da allora fu solo questione di tempo; le città stato vennero travolte e dovettero accettare i trattati di pace voluti da Roma.

Entro il III secolo a.C. l'Etruria era oramai sotto il potere politico di Roma, pur conservando le proprie istituzioni locali, e con la distruzione di *Volsinii* del 263 Roma non incontrò più opposizione armata.

Ciò non vuol dire, come troppo spesso si è affermato, che gli Etruschi siano stati annientati dai Romani, ma piuttosto la loro romanizzazione, malgrado i tentativi fatti da Augusto e Claudio di rivitalizzare le tradizioni con la ricostituzione della Lega etrusca presso il Fanum Voltumnae, l'incoraggiamento allo studio dell'etrusco per i giovani nobili cooptati nel *Collegium LX Aruspicium* a Tarquinia. Fatto sta che gli ultimi sacerdoti della tradizione italico romana ad opporsi al cristianesimo giunto da Oriente e oramai trionfante dopo l'editto di Teodosio furono gli aruspici custodi dell' *Etrusca disciplina*, insegnata agli uomini, secondo gli Etruschi, da Tagete e Vegoia[3].

Ma di questo abbiamo trattato altrove[4].

Nella ricostruzione degli avvenimenti ci siamo affidati alle fonti antiche, soprattutto a Livio, che abbiamo inserito nel corpo del testo indicando in nota libro e capitolo da cui sono tratti i passi, in modo da permettere una lettura più lineare; in appendice sono riportati i *Fasti Triumphales* relativi ai trionfi ed alle ovazioni ottenuti contro gli Etruschi, che confermano ampiamente date ed eventi narrati da Livio.

---

[3] Si vedano gli studi di Dominique Briquel, *Chréthiens et haruspices*, Paris 1997; e id., " Tages Against Jesus: Etruscan Religion in Late Roman Empire ", *Journal of Etruscan Sudies*, vol. 10, 2004/01, pp.153-161.

[4] P. Romeo di Colloredo, *Etrusca disciplina. L'indissolubile legame tra Roma e l'Etruria*, con prefazione di S. Consolato, Bergamo 2022.

LA CRISI MILITARE ETRUSCA
DEL V SECOLO A.C.

Quando i re Tarquini furono cacciati da Roma, la potenza etrusca toccava il suo apogeo. Etruschi e Cartaginesi, loro stretti alleati, mantenevano senza contrasto la signoria del mare Tirreno. Benché la colonia greca di *Massalia* (Marsiglia), pur in mezzo a continue difficili lotte, si mantenesse libera e forte, i porti del mare della Campania e del paese dei Volsci invece, e dopo la battaglia navale di *Alalia* contro i Focesi anche la Corsica, controllati dagli Etruschi. Verso l'anno 260 a.U.c. - 494 a.C i figli del generale cartaginese Magone fondarono in Sardegna, colla totale conquista della parte meridionale isola, la grandezza della loro famiglia e al tempo stesso quella della loro patria, ed i Cartaginesi, favoriti dalle discordie intestine delle colonie elleniche, mantenevano senza gravi difficoltà la loro signoria sulla metà occidentale della Sicilia.

Le flotte etrusche erano padrone dell'Adriatico ed i corsari tirreni spargevano il terrore fino nei mari del Levante. Intorno a quei tempi la potenza degli Etruschi era andata crescendo anche sul continente, con la conquista della pianura padana con *Misia*, *Felsina*, gli empori di Spina e *Atria* in Polesine, sino alla sponda settentrionale del Po (*Melpum* e *Mantua*), controllando le vie commerciali dall'Italia e dal mondo mediterraneo verso i Balcani, l'Europa settentrionale sino alla via dell'ambra, esportando oltre a manufatti di bronzo, ceramiche d'importazione greche e bucchero, beni di lusso, vino, anche il proprio alfabeto, che i popoli germanici adottarono e che fu all'origine della scrittura runica in uso in Scandinavia sino al Medioevo ed oltre[5].

Per l'Etruria la conquista del *Latium Vetus* era della massima importanza strategica, poiché i soli Latini si inserivano tra l'antico territorio etrusco, le città volsce che si trovavano nella clientela etrusca, e i possedimenti etruschi della Campania, ordinati in una dodecapoli ad imitazione della madrepatria.

Il forte baluardo costituito dalla potenza della Grande Roma dei Tarquini fino a quei giorni era stato sufficiente a proteggere il *Latium* e a mantenere inviolato il confine del Tevere verso l'Etruria sin dai tempi della presa del potere da parte di Tarquinio Prisco, che ebbe sicuramente un carattere militare.

I tentativi di riconquistare il trono di Tarquinio avevano visto il re marciare su Roma alla testa di una coalizione formata da Veienti e Tarquiniensi, che però era stata sconfitta nella battaglia della *Silva Arsia*, ma quando la lega etrusca sotto Lars Porsenna, re di *Clusium* (Chiusi) rinnovò, con maggiori forze di prima, l'aggressione, essa non vi trovò la solita resistenza; al di là delle leggende patriottiche su Orazio Coclite, Muzio Scevola e la fanculla Clelia, Roma fu costretta a capitolare e firmata la pace intorno al 247-507 non solo cedette alle limitrofe città etrusche tutti i possedimenti sulla riva destra del Tevere, la *riva etrusca*, – perdendo così di fatto l'esclusivo controllo del fiume – ma consegnò anche al vincitore tutte le sue armi, e promise di non servirsi da allora in poi del ferro se non per i vomeri degli aratri.

---

[5] Anche il nome degli *Aesir* scandinavi, secondo alcune ipotesi piuttosto azzardate, potrebbe derivare dall'etrusco *Aser*, dio. Per coincidenza gli *Aesir* erano dodici, come gli dei etruschi e le divinità olimpiche.

Pareva ormai vicino il momento in cui tutta l'Italia si sarebbe trovata riunita sotto il dominio etrusco.
Scrisse Theodor Mommsen nella sua tipica prosa ottocentesca che

> Ma il servaggio, che la lega punico-etrusca minacciava ai Greci ed agli Italici, fu per fortuna dell'umanità stornato, mercé l'intimo ravvicinamento di questi due popoli, destinati a far causa comune e per l'affinità delle schiatte e per la necessità di difendersi dai medesimi nemici.

L'esercito etrusco, che dopo la caduta di Roma aveva messo invaso il *Latium vetus*, nel 248- 506 incontrò sotto le mura di *Aricia* un duro ostacolo alla sua vittoriosa avanzata nei soccorsi giunti dalla città greca di *Kume* - Cuma, i cui opliti accorsero in difesa degli Aricini.
L'esercito etrusco, guidato dal figlio di Tarquinio il Superbo, Arrunte, si scontrò con i Cumani guidati dal tiranno Aristodemo; Arrunte morì in battaglia e gli Etruschi ripiegarono verso Roma[6].
Senonchè la Grecia non tardò a trovarsi impegnata in una lotta ben più vasta e risolutiva contro i *barbaroi* dell'occidente e contro quelli dell'oriente. Era questa l'epoca delle guerre persiane. La situazione in cui i Tirii si trovavano rispetto a Serse trascinò Cartagine a seguire la politica persiana, e coi Cartaginesi vi furono tratti anche gli Etruschi. Fu questa una delle più grandiose combinazioni politiche, la quale rovesciava nello stesso tempo sulla Grecia le schiere del Grande Re e sulla Sicilia quelle puniche, allo scopo di cancellare l'egemonia e la talassocrazia greca dalla faccia della terra.
La vittoria di Temistocle e della flotta ateniese nella battaglia navale di Salamina del 480 salvò la Grecia dalla conquista di Serse; e nello stesso giorno – secondo la tradizione greca– i tiranni Gelone di Siracusa e Terone di *Akragas* (Agrigento) sconfissero presso Imera l'esercito del generale cartaginese Amilcare, figlio di Magone, sterminandolo quasi totalmente, tanto che la guerra ebbe fine quella giornata stessa; i Punici, abbandonando l'idea di soggiogare la Sicilia orientale, tornarono ad una politica difensiva. La magnifica vittoria venne cantata dal poeta Simonide, che la rese immortale.
La conseguenza di questa sconfitta di Cartagine sarebbe stata la fine del primato marittimo dei suoi alleati .Etruschi.
Già Anassilao, signore di *Region* e di *Zankle* (Reggio e Messina), aveva chiuso lo stretto siciliano ai corsari tirreni con la creazione di una flotta permanente verso il 272 - 482.
I Cumani e Ierone di Siracusa riportarono pochi anni dopo, nel 280- 474, una vittoria definitiva presso Cuma contro la flotta etrusca, in aiuto della quale i Cartaginesi avevano invano tentato di accorrere.
È questa la vittoria cantata da Pindaro nella sua prima ode pitica, in cui paragona la sconfitta etrusca a quelle subite dai Persiani a Salamina e Platea, e dai Punici a Imera:

> Giove, che i voti compisci, su l'acque d'Amèna
> ai cittadini e al sovrano
> sempre tal sorte la fama decreti; e sia fama perenne.
> E a te bene accetto, Ierone

---

[6] Dionigi d'Alicarnasso, *Antichità Romane*, V, 36.

guidi il suo figlio, e al suo popolo
dia la concordia serena.
Ora annuisci al mio voto, Croníde, che lunge si freni
l'urlo tirreno e il fenicio, veggendo lo scempio di navi
nell'acque di Cuma, veggendo
quanto patiron fiaccati dal duce dei Siracusani,
che dalle rapide navi nei flutti la lor gioventú
sommerse, che l'Ellade trasse dal grave servaggio.
La gloria dirò che ad Atene recò Salamina:
dirò la pugna di Sparta
al Citerone, ove il Medo dall'arco ricurvo fu domo;
e presso la bella corrente d'Imèra cantar di Dinòmene
i figli conviene: ché degni ne son, pei nemici sconfitti[7].

Esistono ancora tre degli elmi che Ierone spedì ad Olimpia come *ex voto* a Zeus Olimpio; uno di essi, del tipo Negau, reca l'iscrizione: *Ierone Deinomenide e i Siracusani a Zeus* [dedicano questa] *spoglia dei Tirreni da Cuma*. Analoga iscrizione è incisa sulla paragnatide di un elmo di tipo corinzio, probabilmente appartenuto ad un ufficiale.

Mentre i successi contro i Cartaginesi e contro gli Etruschi innalzavano Siracusa al ruolo di potenza egemone e principale città greca della Sicilia, in Magna Grecia la colonia spartana di *Taras* (Taranto) assunse sempre più importanza, acquisendo incontestabilmente l'egemonia tra le colonie elleniche dopo la caduta dell'achea Sibari per mano dei loro alleati Crotoniati, avvenimenti che ebbero luogo quasi contemporaneamente alla cacciata dei re etruschi da Roma (245- 509).

La terribile sconfitta che i Tarentini ed i Crotoniati subirono per mano degli Iapigi a *Celia* (Ceglie Messapica) nel 280 a.U.c.- 474 a.C., la più micidiale che fino allora avesse mai sofferto un esercito greco, non fece che ridestare per reazione, come era avvenuto con l'invasione della Grecia da parte dei Persiani, l'energia dello spirito nazionale e fonderla in un possente organismo democratico, che dopo la sconfitta aveva soppiantato il governo oligarchico.

Da allora in avanti i Cartaginesi e gli Etruschi non tengono più il dominio dei mari, che passa ai Tarentini nel mare Adriatico e nel Ionio, ed ai Massalioti ed ai Siracusani nel Tirreno. Questi ultimi principalmente frenarono e costrinsero in confini sempre più angusti la pirateria etrusca.

Appena dopo la vittoria riportata presso Cuma, Ierone aveva occupato l'isola di *Pithekussai* (Ischia) e interrotta così la comunicazione tra gli Etruschi campani e quelli del settentrione.

Con la sconfitta etrusca di Cuma iniziò una crisi che interessò le città costiere dell'Etruria meridionale, crisi che si venne ad aggravare a seguito di due incursioni che gli stessi Siracusani condussero nell'area mineraria dell'Etruria settentrionale nel 301 a.U.c.453 a.C., adducendo come scusa la liberazione del mar Tirreno dai pirati etruschi: la prima, guidata da Faillo, non ebbe un grande risultato perché il navarca si lasciò

---

[7] Pindaro, *Le odi e i frammenti (518 a.C. / 438 a.C.)*, traduzione di Ettore Romagnoli. Roma, 1927, Pitica I. IV.

corrompere dagli Etruschi, mentre la seconda, guidata da Apelle, effettuò saccheggi e conquiste lungo la costa etrusca, all' isola d'Elba e in Corsica.

Gli effetti furono immediati: i grandi porti delle metropoli etrusco-meridionali furono bloccati, mentre fu potenziato a nord il porto di *Fufluna*- Populonia, che era il porto principale per il commercio dei minerali e dei metalli, come il ferro dell'Elba.

Populonia rientrava in un percorso marittimo che aveva nei porti della Campania, della colonia etrusca di Genova, della Gallia e della penisola iberica i luoghi di arrivo e smistamento di prodotti esotici. Gli Etruschi, come potenza sul mare, a Cuna avevano ricevuto un duro colpo, da cui non riuscirono più a rialzarsi; le loro iniziative marittime, stando alle fonti, divennero di carattere principalmente piratesco.

Ormai il controllo del traffico nel Tirreno era passato nelle mani dei siracusani, i quali, come si è detto erano presenti a *Pithecussai* (Ischia) dal 281- 473, e che parteciparono intorno al 470, insieme con Calcidesi e Ateniesi. alla fondazione di *Neapolis* (l'odierna Napoli) nel sito dell'antica *Parthenope*.

Atene tuttavia, in un quadro di politica antisiracusana, non aveva smesso di avere rapporti con l'Etruria tirrenica, stando alla notizia che diversi ateniesi ai tempi di Pericle sognavano di conquistare l'Etruria, e come documentano le centinaia di vasi attici rinvenuti nelle necropoli dell'Etruria meridionale, soprattutto a Vulci e *Caere*.

Come accennato, per finirla definitivamente con i corsari etruschi, verso l'anno 302 - 452 da Siracusa partì un'apposita spedizione guidata da Apelle. La flotta siracusana mise a sacco l'isola di Corsica, devastò le coste etrusche e occupò l'isola di *Etalia* (l'Elba). E sebbene non possa dirsi che sia stata sradicata dappertutto e interamente la pirateria etrusco-cartaginese – come ce lo prova l'esempio di Anzio, che, a quanto pare, rimase un nido di corsari fino al principio del quinto secolo della fondazione di Roma – per lo meno si vede che la Siracusa si presentava davanti all'Ellade come forte baluardo contro Etruschi e Cartaginesi.

Vi fu un momento in cui parve che la potenza siracusana dovesse essere distrutta dagli Ateniesi, e infatti la spedizione navale contro Siracusa nel corso della guerra del Peloponneso (dal 339 al 341 - 415 al 513) venne appoggiata dagli Etruschi, antichi amici commerciali d'Atene, con tre vascelli da cinquanta remi.

Come scrive Tucidide[8], gli Etruschi furono sollecitati ad intervenire contro Siracusa a causa della loro antica inimicizia con la grande città siciliana. L'impresa non fu una scorreria navale; non si trattava di pirati mercenari perché è assurdo che uno dei *principes* di Tarquinia potesse comandare un'azione del genere.

> Gli Ateniesi [...] mandarono a Cartagine una trireme per stipulare un'alleanza, caso mai potessero ottenere qualche aiuto; un'altra in Tirrenia, dato che alcune città avevano fatto sapere che anche loro avrebbero combattuto con gli Ateniesi[9].

L'intervento etrusco non fu opera di una sola città ma di più *poleis*, quindi *Velthur Spurinna* era a capo di un esercito di alleati, sebbene certo non numerosi, perché, ricorda ancora Tucidide, *vennero dalla Tirrenia tre navi a cinquanta remi[10]*.

---

[8] *Storia della Guerra del Peloponneso* VI, 43,1; 88,6, 103,2; VII,53,2; 54;57,11.
[9] *Ibid.*, VI, 88, 5-6.
[10] *Ibid.* VI, 103, 2.

Dal numero dei remi si deve dedurre che le navi fossero delle pentacontere, imbarcazioni caratterizzate da una fila di venticinque remi per fiancata. il termine designò un'intera classe di navi, anche più potenti, sia a unico ordine (*monere*) sia a due (*diere*), dotate anche di più di 50 rematori.

Si trattava per lo più di navi da guerra, a fondo piatto e dotate di un rostro per le manovre di speronamento. Le dimensioni sono stimate in circa 38 metri di lunghezza e 5 metri di larghezza.

l numero di uomini inviati non è specificato: qualche autore moderno parla di 150 uomini, contando il solo numero di rematori, mentre altri, più realisticamente, stimano una forza di circa 250 armati. Non si tratta, in ogni caso di un grosso esercito, ma è pur vero che nella Guerra del Peloponneso spesso Ateniesi e Spartani si scontravano con formazioni di queste dimensioni o appena più grandi.

Ad ogni modo gli Etruschi si distinsero per combattività, come ricorda Tucidide.

> Ma i Tirreni, che da questa parte montavano la guardia per gli Ateniesi, vistili avanzare disordinatamente, accorrono in aiuto e, piombati sui primi, li volgono in fuga e li ricacciano nella cosiddetta palude di Lisimelia. Ma al sopraggiungere di maggiori forze siracusane e alleate, anche gli Ateniesi accorsero in aiuto e temendo per le navi, ingaggiarono battaglia con loro e, vintili, li inseguirono; uccisero alcuni opliti e salvarono la maggior parte delle navi [...]. Dopo questi fatti i Siracusani elevarono un trofeo per la battaglia navale e per la cattura degli opliti avvenuta in alto davanti alle mura, là donde avevano anche preso i cavalli; gli Ateniesi lo elevarono là dove i Tirreni avevano messo in fuga la fanteria fino alla palude e là dove essi stessi avevano vinto col resto dell'esercito.

Ma la vittoria, come è noto, toccò ai Dori tanto in occidente come in oriente. Dopo l'ignominiosa fine della spedizione attica, Siracusa divenne incontrastabilmente la prima potenza marittima greca; tanto che gli uomini di stato, i quali ne reggevano le sorti, cominciarono ad aspirare al dominio della Sicilia, dell'Italia meridionale e dei due mari italici; mentre dall'altro canto i Cartaginesi, i quali vedevano gravemente minacciato il proprio dominio sulla Sicilia occidentale, cominciarono a maturare il disegno di domare i Siracusani e di soggiogare tutta l'isola. Non possiamo qui narrare né il decadimento degli stati minori della Sicilia, né l'accrescersi della potenza cartaginese in quell'isola, conseguenza delle lotte che abbiamo accennato. Per quello che riguarda l'Etruria, fu Dionisio, il nuovo signore di Siracusa, (348 -387 a.U.c. – 406- 367 a.C.) quello che diresse contro di essa i colpi più formidabili.

Questo re, il quale aveva in animo vasti disegni, fondò la nuova potenza coloniale prima di tutto nell'Adriatico, e le cui acque più settentrionali allora, per la prima volta, furono assoggettate ad una potenza greca. Dionisio occupò e colonizzò verso l'anno 367 - 387 sulla costa illirica il porto di *Lixos* e l'isola *Ixa* (Lissa), sulla costa picena gli approdi di *Ankon* (Ancona), Numana e l'etrusca *Atria*; e non solo la *fossa Filistia*, un canale navigabile per le navi da guerra scavato alla forse alla foce del Po, o, secondo altri, del Brenta, da Filisto, ammiraglio di Dionisio, il quale scontò in Adria gli anni del suo esilio (368 - 386), conservarono il ricordo della potenza siracusana in questa lontana regione, ma risale secondo ogni probabilità a quest'epoca, ma anche la cambiata denominazione dello stesso golfo orientale, che d'allora in poi invece dell'antico nome di *Sinus Ionicus* prese quello di Adriatico che ancora oggi conserva.

Le razzie dei pirati etruschi nel bacino del Tirreno costituirono sempre un buon motivo per giustificare gli interventi militari da parte dei siracusani. Dionisio colpì la potenza etrusca proprio nel suo cuore prendendo d'assalto e saccheggiando il ricco porto di *Caere*, la città di *Pyrgi*, l'odierna Santa Severa nel 369- 385, saccheggiando il santuario di Uni- Leucotea, con il pretesto di liberare il mare dai pirati. Il vero motivo in realtà era quello di raccogliere fondi da usare in una guerra contro i Cartaginesi.

Questa spedizione marittima ebbe il suo *pendant*, sul piano terrestre, nel tentativo senza successo di un paio d'anni prima di occupare *Caere* da parte dei Galli che risalivano la penisola dal sud.

Secondo Giovannangelo Camporeale, verosimilmente le azioni sui due fronti furono il frutto di un piano strategico anti etrusco, forse più precisamente anti ceretano, combinato di comune accordo tra Galli e Siracusani.

Il controllo del bacino occidentale del Mediterraneo da parte della città siceliota era capillare: oltre alle suddette incursioni nel Tirreno e nell' Adriatico, i Siracusani occuparono l' acropoli di Crotone tra il 383 e il 378 a.C. Né è da escludere che le navi greche che, a detta di Livio (VII, 25, 4), nel 349 a.C. effettuarono scorrerie lungo la costa laziale, fossero siracusane.

Gli Etruschi, oltre che pirati, erano mercenari sul mare e in terra: i casi più clamorosi furono quello dell'etrusco Postumio, che nel 339 a.C. arrivò nel porto di Siracusa al comando di una flotta di dodici navi offrendo la propria collaborazione al tiranno locale Timoleonte, il quale però lo fece uccidere, e l'altro delle diciotto navi inviate nel 307 dai Tarquiniesi in soccorso dei Siracusani in guerra contro i Cartaginesi.

C'è da chiedersi se possa rientrare nello stesso quadro anche il tarquiniese Velthur Spurinna, già ricordato, che condusse un esercito in Sicilia.

Quando poi, morto Dionisio, le discordie intestine di Siracusa lasciarono più libero campo ai Cartaginesi, tanto che la flotta punica poté riprendere, e, salvo poche e brevi interruzioni, conservare la preponderanza nelle acque del Tirreno, gli Etruschi non si sentirono meno minacciati da questo aumentare delle forze africane, e lo provano le diciotto navi da guerra di Tarquinia che vennero in aiuto di Agatocle di Siracusa quand'egli nel 444- 310 s'armò per muovere guerra contro Cartagine.

Gli Etruschi temevano probabilmente per la Corsica, che allora, a quanto pare, era tuttavia in loro possesso. Questo fatto prova lo scioglimento dell'antica federazione etrusco-cartaginese, la quale durava ancora ai tempi d'Aristotele (dal 370 al 342 - 384 al 412); ma con ciò non fu impedita la decadenza marittima etrusca.

Questo rapido tramonto della potenza marittima degli Etruschi non si potrebbe spiegare, se non si sapesse, che appunto nell'epoca in cui i Greci della Sicilia li aggredirono per mare, essi stavano subendo da ogni parte, anche per terra, durissime prove.

Il contraccolpo alla crisi delle città costiere fu una decisa affermazione delle città interne, ubicate lungo la valle del Tevere o dei suoi affluenti: Veio, *Falerii*, *Velzna-Volsinii*, *Camars- Clusium*, *Perusia*, *Curtun- Cortona*, **Ariti*?-Arretium*, tutte ad economia fondamentalmente agricola. Da queste città partono i ripetuti rifornimenti di frumento a Roma nel corso del V secolo a.C.

La loro produzione artistica risente delle acquisizioni e dell'attività di maestri greci dell'età classica, le cui opere ora vi arrivavano direttamente e non più attraverso i centri costieri Va ricordato come tre anni prima del 474 a.C., l'anno in cui gli Etruschi della fascia costiera vennero sconfitti nelle acque di Cuma, i Veienti avessero riportata una vittoria sui romani, quella in cui furono uccisi i Fabii.

Al tempo in cui si svolsero le battaglie di Salamina, d'Imera e di Cuma, fu combattuta, infatti secondo quanto narrano gli annali romani, un'aspra guerra tra Roma e Veio, la quale durò parecchi anni (dal 271 al 280 ovvero dal 483 al 474), la prima di quelle che condussero alla distruzione di Veio. Va però ricordato come stando alla tradizione la lotta tra Roma e la più meridionale delle città stato tirreniche risalisse alla metà dell'VIII secolo, al tempo stesso del regno di Romolo.

Scrive al proposito Tito Livio:

> La guerra fidenate finì per propagarsi ai Veienti, spinti dalla consanguineità per la comune appartenenza al popolo etrusco [...] Il re romano (Romolo, ndA) dal canto suo, non avendo incontrato il nemico nei campi, esortato e determinato ad ottenere una vittoria decisiva, attraversò il Tevere. Dopo aver saputo che i nemici avevano posto un accampamento e stavano per avvicinarsi alla città, i Veienti andarono loro incontro per condurre lo scontro in campo aperto piuttosto che trovandosi rinchiusi a combattere dai tetti e dalle mura. Qui, senza far ricorso a nessuna strategia, il re romano sbaragliò l'esercito grazie alla grande esperienza dei suoi veterani; inseguiti i nemici allo sbando fino alle mura, evitò di attaccare la città difesa dai possenti bastioni e dalla stessa conformazione del sito e tornando indietro devastò le campagne [...]; piegati da quella devastazione non meno che dalla sconfitta militare, i Veienti mandarono a Roma ambasciatori per chiedere la pace. Persero parte del territorio, ma ottennero una tregua di cento anni[11]

Stando alla tradizione riportata da Livio e da Eutropio, Anco Marzio riprese le ostilità, arrivando a strappare la foce del Tevere sulla Selva Mesia, ossia le pinete che costeggiavano il Tirreno, e le preziosissime saline ai Veienti e fondandovi Ostia come presidio. Scrive Livio:

> La Selva Mesia, strappata ai Veienti, fece arrivare il dominio romano fino al mare. alla foce del Tevere fu fondata la città di Ostia e tutt'intorno vennero create delle saline[12]

All'inizio delle guerre contro Roma, Veio era divenuta una città tra le più ricche. le più ricca per Livio[13] - e potenti dell'intera Etruria, collegata a Fidene dalla comunanza d'interessi commerciali lungo il corso del Tevere, che collegava l'Etruria centrale e l'Umbria al mare e alle saline.

Il territorio di Veio era il più vasto di quello di tutte le città etrusche: si estendeva a sud fino al Tevere, dove confinava con Fidene e Roma; ad ovest fino al mare; a nord comprendeva probabilmente il Lago Sabatino. Come abbiamo già ricordato lotte con Roma ebbero inizio sotto Romolo; nuove lotte avrebbero avuto luogo sotto Tullo Ostilio, Anco Marzio, forse Tarquinio Prisco e Servio Tullio.

Secondo la tradizione, i territori presi a Veio da Romolo e Anco Marzio sarebbero stati restituiti ai Veienti da Porsenna e successivamente riconquistati da Roma: per quanto

---

[11] Liv., *Ab Urbe condita libri*, I, 15
[12] *Id.*, I, 33.
[13] *Urb[i]s opulentissimae Etrusci nominis* Liv., V, 22.

queste prime lotte siano leggendarie, è comunque arbitrario negare assolutamente le conquiste romane sulla sponda destra del Tevere durante il periodo monarchico.

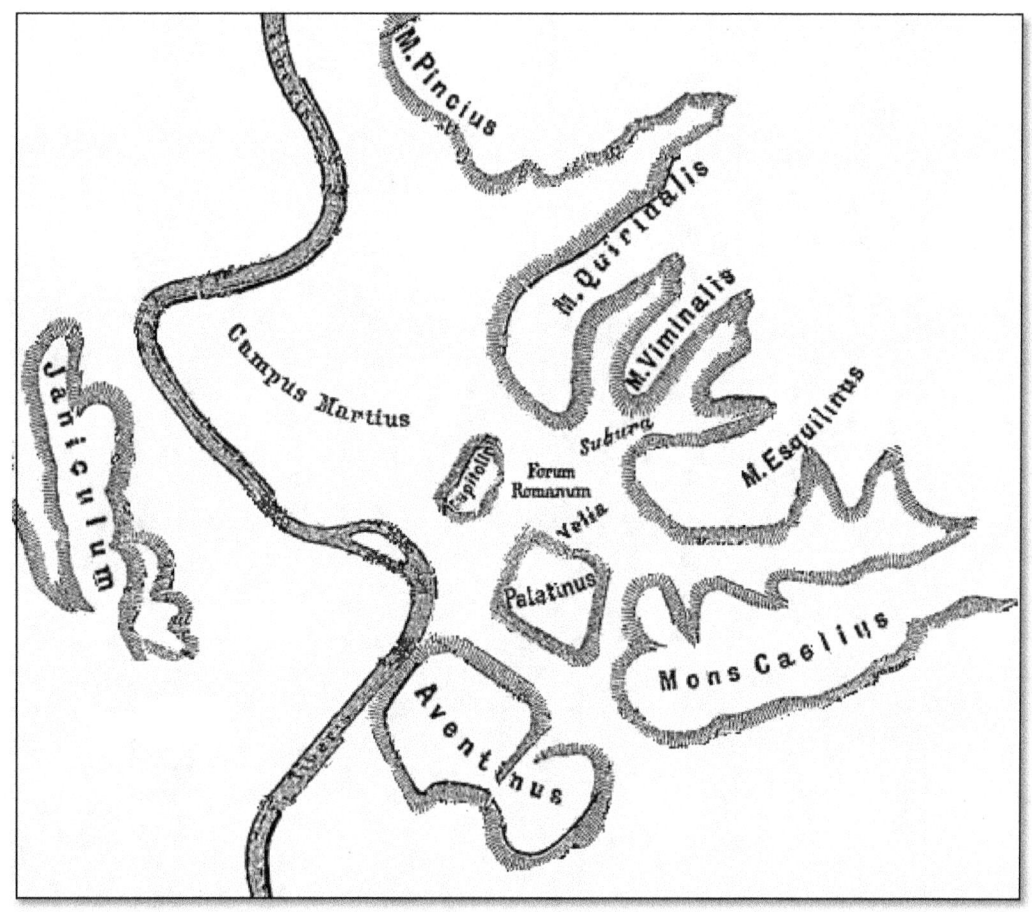

I colli di Roma in età arcaica. E' evidente l'importanza strategica del Gianicolo, sulla *ripa Veientana*, per il controllo del passaggio sul Tevere; il colle venne più volte conteso aspramente tra Veienti e Romani sin dell'VIII secolo a.C.

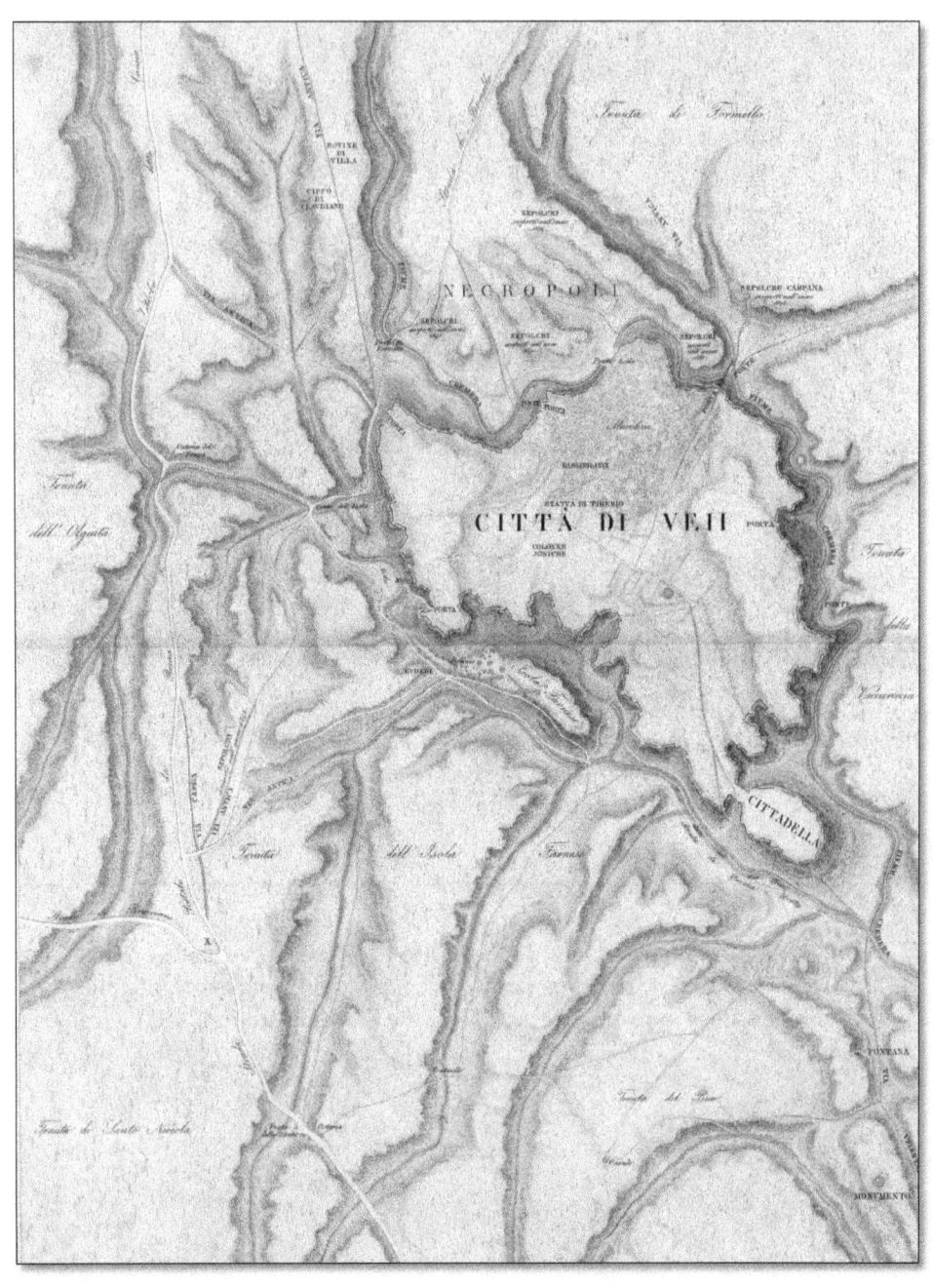

Veio nella mappa di Luigi Canina (XIX secolo)

VEIO

Della storia di Veio non sappiamo altro che le sue contese con Roma. *Veii* è una di quelle numerose città dell'antichità, i cui registri sono semplici elenchi di guerre, tracce sanguinose attraverso il campo della storia. Pur deplorando che la nostra conoscenza di esse sia limitata a tali eventi, dovremmo ricordare che, se tali guerre non fossero state raccontate, i nomi stessi di queste città molto probabilmente non ci sarebbero mai pervenuti. Ogni menzione di Veio che troviamo negli scrittori antichi è in quanto l'antagonista di Roma. Sono registrane non meno di quattordici guerre con quella potenza. I Veienti infatti sono chiamati da Floro *gli incessanti e annuali nemici di Roma -assidui vero et anniversarii hostes*.

Le prime sei guerre furono, almeno secondo la tradizione, contro i re di Roma, e siccome in tutta questa storia furono opera di annalisti e storiografi romani, a disegnare il quadro, ci viene detto che i monarchi romani furono sempre trionfanti, sia contro la sola Veio, sia contro le forze coalizzate dell'Etruria..

Le guerre della repubblica sino alla distruzione della città saranno esaminate più avanti.

Non vi sono testimonianze di una stabile occupazione dell'area veiente prima dell'Età del Ferro. In verità, eccettuati pochi piccoli stanziamenti dell'Età del Bronzo, indicanti una penetrazione lungo il fiume Cremera dalla valle del Tevere, è probabile che la quasi totalità dell' *ager Veientanus* fosse coperta da foreste al tempo del primo stanziamento. Questo si formò contemporaneamente alla prima fase villanoviana di Tarquinia e, quasi certamente, proprio da quest'area arrivarono gli originarî colonizzatori, seguendo la via naturale lungo la cresta, che scende a Veio dai Monti Sabatini. È possibile che inizialmente sia stata occupata solo la Piazza d'Armi ma, in questo caso, solo per poco tempo, prima che l'occupazione si allargasse a tutto il pianoro. Entro questo perimetro esterno, la Veio villanoviana comprendeva dapprima, come Roma, tutta una serie di villaggi distinti, ma in stretta relazione fra loro. Due di essi sono stati parzialmente scavati nella Piazza d'Armi e presso la porta N-O, e resti superficiali attestano l'esistenza di altri due sulle pendici di fronte alla porta N-E e sull'altopiano ad O della Piazza d'Armi. Delle necropoli riferibili a questi villaggi se ne conoscono tre gruppi principali, tutte poste immediatamente fuori del perimetro, ciascuna accanto ad una importante strada antica: quella di Grotta Gramiccia, presso la strada per Nepi, Tarquinia e Vulci; quella di Valle la Fata, presso la più antica strada per Roma; e quella della Vacchereccia e dei Quattro Fontanili, fuori della porta N-E (Capena)

Nonostante costituisse una comunità notevole, la Veio villanoviana non godeva di particolare prosperità. Anche la più ricca delle necropoli conosciute, quella di Grotta Gramiccia, ha pochi sepolcri paragonabili a quelli delle città costiere. Il materiale domestico proveniente dal villaggio presso la porta N-O, presenta numerose tracce dell'influenza della civiltà laziale contemporanea, e suggerisce l'ipotesi di una commistione di popoli non villanoviani nella primitiva comunità. Il materiale funerario e gli usi (per esempio l'uso comune di grandi cippi crestati circolari per le antiche tombe a fossa) indica gli stretti contatti che esistevano con il vicino territorio falisco.

Fino al tardo V secolo a. C. la città sembra essersi accontentata delle sue difese naturali, eccetto probabilmente una scarpata difensiva e una fortificazione intorno alla Piazza d'Armi. In seguito, di fronte al pericolo di una guerra con Roma, l'intero pianoro fu circondato da una fortificazione massiccia, fatta di terra battuta che però incorporava un muro di sostegno verticale in blocchi di tufo. In mancanza di una sistematica esplorazione della località, non si può dire molto circa la topografia interna della città etrusca. La zona E del pianoro è divisa in due alture, e il centro cittadino sembra essersi trovato nel punto di convergenza dei due versanti, con strade irradiantesi in tutte le direzioni verso le porte principali, che erano almeno sette, oltre a un certo numero di porte secondarie.

Uno dei luoghi più importanti di Veio è il santuario di Portonaccio. - Gli scavi, iniziati nel 1914, misero in luce i resti di un tempio e le tracce di altri impianti sacri (una piscina, un altare, una fossa dei sacrifici, ecc.), che facevano parte di un santuario, completamente distrutto in età romana e forse già in rovina dopo la conquista romana di Veio al principio del IV secolo a. C.

Il tempio, dedicato a *Menrva*- Minerva, era a pianta rettangolare, orientato a S-E. La facciata è completamente distrutta e i resti sono stati malamente danneggiati da tarde cave di pietra. È possibile tuttavia stabilire che l'area della cella era divisa longitudinalmente da due muri interni. Questo fatto è stato generalmente interpretato come testimonianza di un tempio a triplice cella di tipo convenzionale, ma i resti potrebbero documentare altrettanto bene una pianta con un'unica cella, disposta contro il muro posteriore di un recinto a forma di cortile come per esempio a *Faesulae* e *Volsinii Novi*.

Al centro di un'area lastricata, circa 30 m ad E del tempio e leggermente obliquo rispetto al suo asse, si eleva l'altare, preceduto da due gradini, con la fossa dei sacrifici, sotto la quale ne venne messa in luce un'altra, più antica. Nel lastricato sono intagliati alcuni pozzi rituali e un elaborato sistema di canaletti in relazione con una grande cisterna confinante col fianco N del tempio. L'estremità orientale è occupata da un ambiente rettangolare, del quale si conserva il lato S col muro di sostruzione, ambiente da cui proviene ingente materiale ceramico e un gruppo di iscrizioni. Che sia esistito fin da epoca arcaica un santuario in questo luogo è dimostrato dai depositi votivi; esso tuttavia può essere stato solo un *temenos* aperto, giacché le più antiche terrecotte architettoniche sono del tardo VI secolo. A questa data appartiene anche il celeberrimo gruppo di statue in terracotta dipinta, intere e frammentarie, ora al Museo di Villa Giulia. Le statue sono circa in grandezza naturale; di esse, una intera è stata identificata come *Aplu*, Apollo; una frammentaria, priva del capo, come *Ercle*- Ercole col piede sulla cerva; una, di cui è conservata solo la testa e la parte inferiore del corpo, come *Turms* (Hermes); inoltre è stato ricostruito quasi per intero il simulacro di una dea col bambino: restano inoltre frammenti di altre statue. Per alcune di queste figure superstiti è accertato un reciproco rapporto nell'ambito di una composizione che si è interpretata come *Aplu* ed *Ercle* in lotta per la cerva sacra di Delfi, e forse alla scena partecipa *Turms*. È dubbio però se sia da comprendere anche la figura femminile, che sembra piuttosto far parte di un gruppo di *Letu*- Latona e *Aplu* che fugge davanti al pitone. I gruppi erano visibili di profilo, come un altorilievo. Le basi delle statue furono adattate sul grande trave longitudinale del tetto del tempio (*columen*), secondo un allineamento lungo lo schienale dell'edificio, riscontrabile anche negli acroteri di certe urne chiusine in forma di edicole. Alla decorazione del tempio appartengono anche le numerose terrecotte architettoniche messe in luce dagli scavi: tegole di gronda con motivi dipinti in bianco, rosso e nero, a meandro, a zig-zag, a fasce di rombi; antefisse raffiguranti menade, sileno, Acheleo, Gorgone; terrecotte templari di prima fase, contrassegnate da lettere per facilitarne la messa in opera; di seconda fase con cornici traforate, lastre terminali del coronamento; lastre di rivestimento della trabeazione. Le antefisse mostrano analogie con le statue di terracotta, ne ripetono lo schema e persino alcune particolarità nel rendimento anatomico, non ne eguagliano però la qualità..

Veio era completamente circondata da necropoli. Alcune di esse si sono sviluppate senza cesura sui preesistenti cimiteri di età villanoviana. Così avvenne per i cimiteri di Grotta Gramiccia, dei Quattro Fontanili e della Vaccareccia, rispettivamente di fronte alle porte di N-O (Tarquinia) e di N-E (Capena). Altri furono creati *ex novo* e si svilupparono ovunque naturali fratture delle rupi che circondano la città offrissero facili accessi alle pendici circostanti. Così (seguendo da Piazza d'Armi il senso inverso a quello dell'orologio) si trovavano le necropoli di Macchia della Comunità, Monte Michele, Picazzano, Casale del Fosso presso la strada per *Caere*, Riserva del Bagno, Pozzuolo, Oliveto Grande, Casalaccia, e Monte Campanile. La sequenza dei sistemi di sepoltura è quella familiare; dapprima pozzetti, dei quali alcuni più tardi ed elaborati sono contenuti in custodie; poi sepolcri a fossa, anche questi con tendenza a diventare sempre più elaborati, e infine tombe a camera oppure recinti rettangolari aperti con loculi sepolcrali aprentisi all'esterno, un tipo apparentemente caratteristico di Veio.

Anche lo sviluppo topografico segue un disegno conseguente, le più antiche sepolture occupando la sommità dell'altopiano, lungo le strade o i sentieri fuori della città, mentre i più tardi sepolcri si estendevano costantemente al di là e più in basso di questi nuclei, verso i ripidi pendii inferiori in cui erano tagliati i sepolcri a camera. Questi ultimi sono normalmente semplici camere rettangolari, con uno o più letti funebri, echeggianti la più semplice delle forme normalmente in uso a *Caere*.

Tra le tombe dipinte vi sono la Tomba dei *Leoni ruggenti*, scoperta nel 2006 e risalente al 700- 690 a.C. ad oggi la più antica tomba dipinta dell'intera Etruria, la tomba *Campana*, nella necropoli di Monte Michele della metà del VII secolo a. C.

Una semplice tomba con un fregio di anatre stilizzate (tomba *delle Anatre*), è stata scoperta nella Riserva del Bagno.

Al di fuori dell'area delle principali necropoli, prevalentemente distribuite lungo le antiche strade e sentieri, si trovano pochi grandi tumuli databili dalla seconda metà del VII secolo a. C. In quello sulla sommità del Monte Aguzzo fu trovata la celebre Olpe Chigi, protocorinzia, e un vaso di bucchero con l'alfabeto etrusco inciso sopra, ambedue ora al Museo Nazionale Etrusco di Villa Giulia.

Il materiale dei cimiteri manca per la maggior parte di uno studio sistematico; in linea generale, sembra riflettere mode delle città costiere, però con certi tratti caratteristici attribuibili in parte all'esitenza ed allo sviluppo di botteghe e stili locali. Molto del bucchero, per esempio, è chiaramente fabbricato nella Valle del Tevere, possibilmente a Veio stessa. Una circostanza che attende chiarimenti (se davvero essa non è dovuta alla casualità della conservazione del materiale o delle scoperte), è la relativa scarsità di oggetti fini importati per tutto il V secolo, il periodo di massima prosperità di Veio.

Veio era il centro di una fitta rete stradale, che la congiungeva a Roma ed alle città etrusche dei dintorni e inoltre dava accesso alle campagne ed alle fattorie dell'*ager Veientanus*. Le più antiche strade seguivano sempre, possibilmente, tracciati naturali; così era il sentiero sull'altura che andava dalla porta di N-O verso Nepi, Vulci e Tarquinia; la strada per Capena e per Monte Musino, la strada nella vallata del fiume Cremera verso il Tevere; la strada che conduceva a Roma; alla via Trionfale; e una strada diretta verso le paludi salate alla foce del Tevere. Nel V secolo a. C., questa primitiva rete stradale si sviluppò in un elaborato ed ingegnoso sistema, capace di portare il traffico rotabile attraverso la zona in tutte le direzioni. Alcune delle strade tagliate in roccia, sono a più di 15 m di profondità, e in un caso (a Pietra Pertusa, sotto la cresta dove più tardi passò la via Flaminia), c'è un tunnel di circa 200 m di lunghezza. Ovunque fosse possibile, i cunicoli tagliati in roccia prendevano il posto dei ponti, quantunque l'esistenza di ponti in legno con pilastri di pietra si possa supporre in parecchi punti. Dal quadro di questo sistema stradale, che si irradiava da Veio con ben pochi incroci, è evidente che nell'*ager Veientanus* gli abitati erano strettamente centralizzati entro la città, con tracce relativamente scarse di pagi o fattorie isolate, come quelle che si trovano, per esempio, nell'agro falisco. Il solo sostanziale nucleo secondario stradale era Prima Porta, di fronte a Fidene, il punto di passaggio del Tevere, che ebbe una così grande parte nella storia delle guerre tra Veio e Roma.

Un'altra caratteristica dell'ager Veientanus è l'elaborato sistema di cunicoli, attraverso i quali le acque superficiali di molte delle vallate a N e ad E di Veio erano artificialmente deviate sottoterra, per distanze talvolta di più di tre chilometri. Questi cunicoli, che furono tagliati non più tardi del V secolo a. C., servirono certamente allo scarico, e non (come sosteneva Fraccaro) alla raccolta dell'acqua.

E poiché la loro distribuzione coincide molto strettamente con l'esistenza di un tipo di terreno il cui naturale drenaggio è scarso, sembra quasi sicuro che essi avessero uno scopo agricolo. Essi non solo sono un valido indice dell'abilità tecnica e delle risorse umane dell'etrusca Veio, ma anche una dimostrazione che l'area era intensivamente coltivata in età etrusca. Così viene anche confermata l'ipotesi suggerita dalla rete stradale, che la massa della popolazione di Veio viveva in città ed usciva per lavorare i suoi campi. Un'altra impressionante opera idraulica è il Ponte Sodo, un ponte tagliato nella roccia, in posizione drammatica, nella parte N della città, e il cunicolo lungo 600 m, e profondo fino a 25 m attraverso il quale una parte dell'acqua del fiume Cremera era trasferita, attraverso la cresta, nel fiume che scorre nella parte S della città. Il primo fu probabilmente tagliato per eliminare le inondazioni in un'ansa del fiume; lo scopo principale del secondo invece è incerto; in età romana e medievale servì come mulino ad acqua.

GLI ESERCITI

GLI ETRUSCHI

La lega etrusca, che riuniva le dodici principali città stato- un'organizzazione simile è nota anche per l'Etruria padana e per quella campana- aveva essenzialmente un carattere religioso, e ogni città tendeva a seguire la propria politica estera: così nell'assedio di Veio le città di *Kysra- Caere* e *Camars- Clusium* erano apertamente favorevoli a Roma. Tuttavia, in casi eccezionali, come nel 357, nel corso della guerra tra Falerii e Tarquini contro Roma, la lega, riunita nel *Fanum Voltumnae* stabilì una *chiamata alle armi di tutti coloro che portavano il nome etrusco* (Livio).
Nel periodo di cui ci occupiamo l'Etruria padana era stata gravemente indebolita dalle invasioni celtiche così come quella campana e le città stato costiere dalle incursioni siracusane seguite alla vittoria di Ierone a Cuma: ciò portò al rafforzamento delle città stato interne, per prima Veio, che raggiunsero il culmine della propria potenza.
Livio scrive che gli Etruschi potevano mobilitare più uomini di qualunque altro popolo italico; nel 225 a.C. Etruschi e Sabini poterono radunare un esercito di 50.000 guerrieri e 4.000 cavalieri, ma era solo una parte delle forze teoricamente mobilitabili. Le divisioni di classe in Etruria erano assai accentuate, come si sarebbe visto nelle rivolte servili di *Volsinii* e *Arretium* nel IV- III secolo- con la massa composta da contadini poveri, non in grado di procurarsi armi adeguate, a differenza delle *elites* aristocratiche che costituivano il nucleo degli eserciti, le quali potevano permettersi di combattere a cavallo o equipaggiati come opliti. Per tale motivo di fronte al gran numero di manodopera disponibile le città disponevano di un limitato numero di falangiti armati alla greca con elmo, lancia, corazza- i tipi più diffusi a campana, lamellare e *linothorax*- e di un numero più vasto di guerrieri armati di elmo, soprattutto del tipo Negau e poi di tipo Montefortino, di scudo, spesso uno *scutum* italico in legno, ma senza corazza.
A partire dal IV secolo si diffuse l'uso del pilum e compaiono (nell'iconografia, ma non c'è attestazione archeologica) le *loricae hamatae*, rendendo l'organizzazione militare etrusca simile a quella romana; la storiografia latina parla infatti di *legiones* e *manipula* etruschi: del resto la suddivisione dell'organizzazione militare romana in *centuriae* e *legiones*, opera di Servio Tullio, era di origine etrusca. All'epoca delle guerre contro Veio dunque le due organizzazioni erano assai simili, poiché i Romani mantennero il sistema della falange sino alle guerre sannite[14]
Tito Livio testimonia come i Romani temessero gli Etruschi più di ogni altro popolo ad eccezione dei Galli:

> Non c'era altro popolo... le cui armi fossero più temute, non solo perché il suo territorio era tanto vicino, ma anche a causa del numero.

Si noti la mancanza di un qualsiasi accenno al valore ed al coraggio dei guerrieri etruschi: i Romani in effetti, pur temendoli per il numero di guerrieri e l'armamento di

---

[14] P. Romeo di Colloredo, *Le guerre sannitiche 343- 290 a.C.*, Bergamo 2020, p. 32.

cui disponevano, a differenza che per i Galli avevano uno scarsa opinione delle capacità guerriere degli Etruschi, tanto che quando nel 443 a.U.c.- 311 a.C. si scontrarono al lago Vadimone con un esercito di Vulcenti e Tarquiniensi comandati dal generale Elbio Vulturreno, che si batté strenuamente contro di loro, i Romani a detta di Livio si stupirono profondamente, abituati a vedere gli Etruschi fuggire:

> Sembrava, per quanto duramente si combatteva, che si avesse a che fare non con gli Etruschi, tanto spesso sconfitti, ma con una nuova razza. Non c'era da nessuna parte segno di cedimento.

Va aggiunto però come il gran numero di dittatori nominati dal senato romano nel corso delle guerre etrusche, ed in particolare di quelle contro i Veienti, mostri una realtà ben diversa, dato che la dittatura veniva conferita solo in momenti di gravissima difficoltà.
Le descrizioni delle battaglie del V e IV secolo che si incontrano nella storiografia romana, ripresa nel I secolo da Livio, sono sempre stereotipate, che le due linee di falange che si affrontavano scontrandosi nell'*otismos* (spinta) tipico della guerra oplitica, con i Romani che invariabilmente finiscono per trionfare presto o tardi, per il proprio valore, per la disciplina o per l'arrivo dei rinforzi. Da ciò è difficile estrarre informazioni attendibili sulle tattiche etrusche, ma di certo gli eserciti facevano affidamento quasi esclusivamente sulla fanteria pesante. Cavalieri e fanterie leggere non vengono quasi mai nominati, pure essendo ben documentati archeologicamente e iconograficamente: si deve dedurre come analogamente al mondo greco coevo fossero sussidiari rispetto alla falange, nonostante che nel V secolo la cavalleria inquadrasse i cittadini più ricchi e più addestrati; una delle pochissime menzioni si trova in Livio, laddove parlando della battaglia di Fidene del 317 a.U.c.- 437 a.C., scrive che *da sola aveva reso incerte le sorti dello scontro*, sottolineandone il valore[15].
Già a partire dal periodo villanoviano e poi orientalizzante i carri da guerra e i cavalli sepolti nelle tombe principesche o raffigurati sulle antefisse dei palazzi principeschi di Murlo, Acquarossa e della stessa *Regia* di Roma sottolineano l'importanza sociale delle aristocrazie legate all'allevamento dei cavalli ed al loro uso in guerra; e se il carro da guerra scomparve già in età arcaica dai campi di battaglia dell'Etruria e del Lazio, esso rimarrà come simbolo di potere militare e verrà usato nel corso del trionfo (cerimonia di origine etrusca, per inciso) sino all'epoca di Giustiniano nel V secolo d.C.
A dispetto della stretta somiglianza degli eserciti etruschi con l'armamento e l'organizzazione militare romana, è probabile che anche a causa della struttura sociale dell'Etruria arcaica, basata sulle aristocrazie cittadine, la tattica della falange sia durata più a lungo che a Roma, almeno sino alla democraticizzazione del IV secolo, con l'uso di una linea solida di fanti con panoplia oplitica, con *oploi* rotondi di bronzo- rinvenuti in gran numero nelle tombe etrusche- e lancia, piuttosto che di successive linee di fanteria, il che portava all'immediata sconfitta se la linea di opliti veniva sfondata, come avvenuto nel 311, quando la disfatta etrusca del lago Vadimone fu attribuita alla mancanza di rinforzi; pare esistessero solo limitate riserve, il cui compito era solamente quello di presidiare l'accampamento durante la battaglia, senza avere i numeri per potervi intervenire in caso di necessità.

---

[15] Liv., *Storia di Roma*, IV, 19.

Nella seconda battaglia di Fidene del 328 a.U.c- 326 a.C. i Romani dovettero affrontare Etruschi e Falisci armati di torce; anche in una battaglia del 397- 357, Falisci e Tarquiniensi erano guidati in battaglia da sacerdoti i quali *avanzavano come furie brandendo serpenti e agitando torce accese, demoralizzando i Romani con questo spettacolo inusuale* (Livio).

I sacerdoti non portavano armi, contando solo sull'aiuto divino – era forse una forma di *devotio*?- tanto che quando i Romani si ripresero li spazzarono via facendoli a pezzi, *gettando da parte i loro inutili strumenti*.

Dionigi d'Alicarnasso, a proposito della guerra tra Roma e Veio del 272- 482 (*Antichità Romane* IX, 5,4), ricorda la presenza tra gli Etruschi di capi (*oi dynatotatoi*) provenienti da altre città etrusche che guidavano in battaglia truppe appartenenti al proprio clan familiare, aumentando il prestigio del singolo condottiero e della sua famiglia. Come scrivono R. D'Amato e A. Salimbeni a p. 65 del loro *Gli Etruschi. Una storia militare IX- II secolo a.C.*, è possibile che ogni *dynatotatos* fosse responsabile di equipaggiare e condurre in battaglia i propri uomini e che il suo *status* dipendesse da quante truppe fosse in grado di mobilitare: è da notare come questo sia esattamente il caso, da parte romana, della *gens Fabia* che condusse, nello stesso conflitto, una guerra *privata* contro Veio mobilitando membri e *clientes*, come si vedrà nel capitolo dedicato alla battaglia del Cremera del 277- 477: una conferma ulteriore dei legami strettissimi tra Romani ed Etruschi in campo organizzativo e militare.

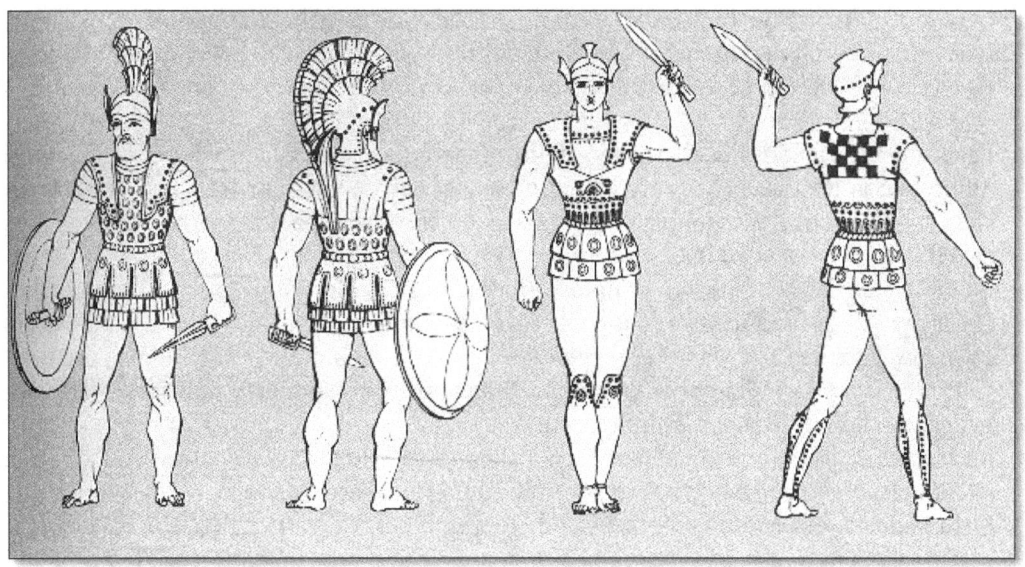

I ROMANI

L'esercito romano nel V- IV secolo a.C., durante la guerra contro Veio è assai poco conosciuto, a differenza di quello del secolo successivo descritto da Polibio nel VI libro delle *Storie*; la tattica fondamentale era quella della falange oplitica: solo durante il conflitto contro i Sanniti nella metà del IV secolo sarebbero stati adottati armi ed ordinamenti che avrebbero caratterizzato l'esercito romano per i secoli a venire: l'ordinamento manipolare al posto della falange, il *pilum* al posto dell'*hasta*, lo *scutum* oblungo al posto del *clipaeum* (οπλον) rotondo.

All'epoca delle guerre contro Veio, i Romani combattevano esattamente come i loro avversari Etruschi, con l'identico armamento e le stesse tattiche; scrive Ateneo di Naucratis che

> Dai Tirreni [i Romani appresero] l'arte di fare la guerra, facendo avanzare l'intero esercito in formazione di falange chiusa[16]

Nella prima fase della costituzione monarchica, Roma aveva un esercito composto da 3000 fanti e 300 cavalieri, i quali dovevano essere forniti in modo proporzionato dalle tre tribù originarie: i *Ramnes*, i *Tities*, ed i *Luceres*.
L'esercito veniva arruolato solo in caso di guerra e alla fine della stessa, i soldati tornavano nelle loro case.
I 3300 soldati formavano la legione il cui termine deriva dal latino *legio* che significava *leva*.
L'esercito originario di epoca arcaica era basato sul reclutamento gentilizio. Venivano scelti solo uomini appartenenti ad una delle tribù gentilizie adatti al combattimento per un totale di 3000 fanti (*pedites*) e 300 cavalieri (*equites*), suddivisi rispettivamente in 30 *centuriae* e 30 *decuriae*.
La prima riforma risale al periodo della monarchia etrusca, sotto il regno di Servio Tullio con la leva che ora veniva fatta in base al censo. Con la riforma serviana basata sulla suddivisione della popolazione in base al censo, la capacità di arruolamento passò da 3300 unità a quasi 20.000.
Le classi censitarie erano sei, dalla più alla meno ricca: la prima forniva 18 centurie di cavalieri e 30 di fanti pesanti (opliti), la seconda e la terza 20 centurie di fanteria pesante ciascuna, la terza 20 di fanteria leggera, la quinta 30 di arcieri e frombolieri, mentre la sesta (*proletarii*, nullatenenti) forniva 5 centurie di supporto logistico (artigiani, falegnami, fabbri, marinai, trombettieri).
Le truppe di cavalleria divennero con il tempo di competenza degli alleati di Roma (*socii*), che si impegnavano a fornire anche truppe ausiliare (*auxilia*). I
l reclutamento era indetto solo in caso di guerra, coinvolgeva i cittadini che avevano tra i 17 e i 60 anni di età; i soldati romani non prestavano inizialmente servizio per tutta la durata di una guerra, ma solo stagionalmente, tornando ai propri campi per l'aratura, la semina ed il raccolto, salvo poi ripresentarsi alle armi in primavera.
Fu solo a partire dall'assedio di Veio del 348 a.u.C,- 406 a.C. che i soldati non vennero

---

[16] Ateneo di Naucratis, *I Deipnosofisti*, VI, 106.

più congedati per eseguire i lavori agricoli, in modo da non interrompere l'assedio della città etrusca, e per compenso venne da allora corrisposto un indennizzo in denaro (*stipendium*) a rimborso della mancata attività lavorativa agricola..

La predominanza del ruolo della falange oplitica è confermata dal tabù che vietava al *dictator* di salire a cavallo, divieto da cui poteva essere liberato solo per voto del senato, in quanto *magister populi*, comandante della fanteria[17], infatti, non doveva abbandonare il proprio posto nella prima fila dello schieramento oplitico, ciò che costituiva l'unica eccezione al *summum imperium* dittatoriale[18]; il suo secondo, da lui nominato, era il *magister equitum*, comandante della cavalleria: questa, sebbene composta da aristocratici e dai cittadini con il censo più alto, era dunque subordinata per importanza alla fanteria oplitica; il timore di rompere lo schieramento di scudi portò alle leggi che prevedevano la pena per decapitazione per chi avesse abbandonato la formazione, fosse per fuggire o per affrontare personalmente un nemico.

Nell'età repubblicana le legioni erano quattro, due per ogni console, ma aumentarono gradualmente con l'aumentare dei conflitti fino alle guerre civili.

In origine la legione repubblicana era guidata dal *dux* (comandante, spesso console, dittatore o proconsole) dotato di potere militare (*imperium*). Suoi subordinati erano i luogotenenti (legati), gli ufficiali (*tribuni militum*) e i comandanti della centuria (*centuriones*). Il comandante della cavalleria era invece il *Magister equitum*, a cui facevano riferimento i comandanti di squadrone (decuriones) e di retroguardia (*optiones*). Le truppe alleate erano guidate dai *praefecti sociorum*.

Tito Livio fa anche riferimento a quattro legioni composte ognuna da 5000 fanti e 300 cavalieri, un numero che complessivamente si avvicina di più alla capacità di arruolamento stabilita dalla riforma serviana.

La leva riguardava tutti i cittadini dai 17 ai 46 anni che dovevano prestare servizio per un certo numero di campagne militari.

Fino alle guerre sannitiche del IV secolo, il modo di schierarsi sul campo di battaglia era quello della falange oplitica i soldati erano schierati gomito a gomito, presentandosi al nemico come uno schieramento compatto, protetto dagli scudi e dalle lance.

La legione, quando si schierava *in acies* era organizzata su quattro linee, protette ai fianchi dalla cavalleria.

---

[17] Il titolo di *magister* corrisponde all'etrusco *macstarna/ mastarna*, a lungo creduto erroneamente un nome proprio.

[18] Plutarco, *Fabio Massimo*, 4,1-2, commentando l'autorizzazione a montare a cavallo chiesta e ricevuta da Quinto Fabio Massimo dopo la sconfitta del Trasimeno, commenta: *ciò non era ammesso in precendenza: un 'antica legge lo vietava, forse perché i Romani ritenevano che il nerbo dell'esercito risieda nella fanteria e quindi era opportuno che il generale stesse insieme ai fanti e non se ne allontanasse mai.* Si veda A. Guarino, "Il dittatore appiedato", *Labeo* 25 (1979) pp. 7-15.

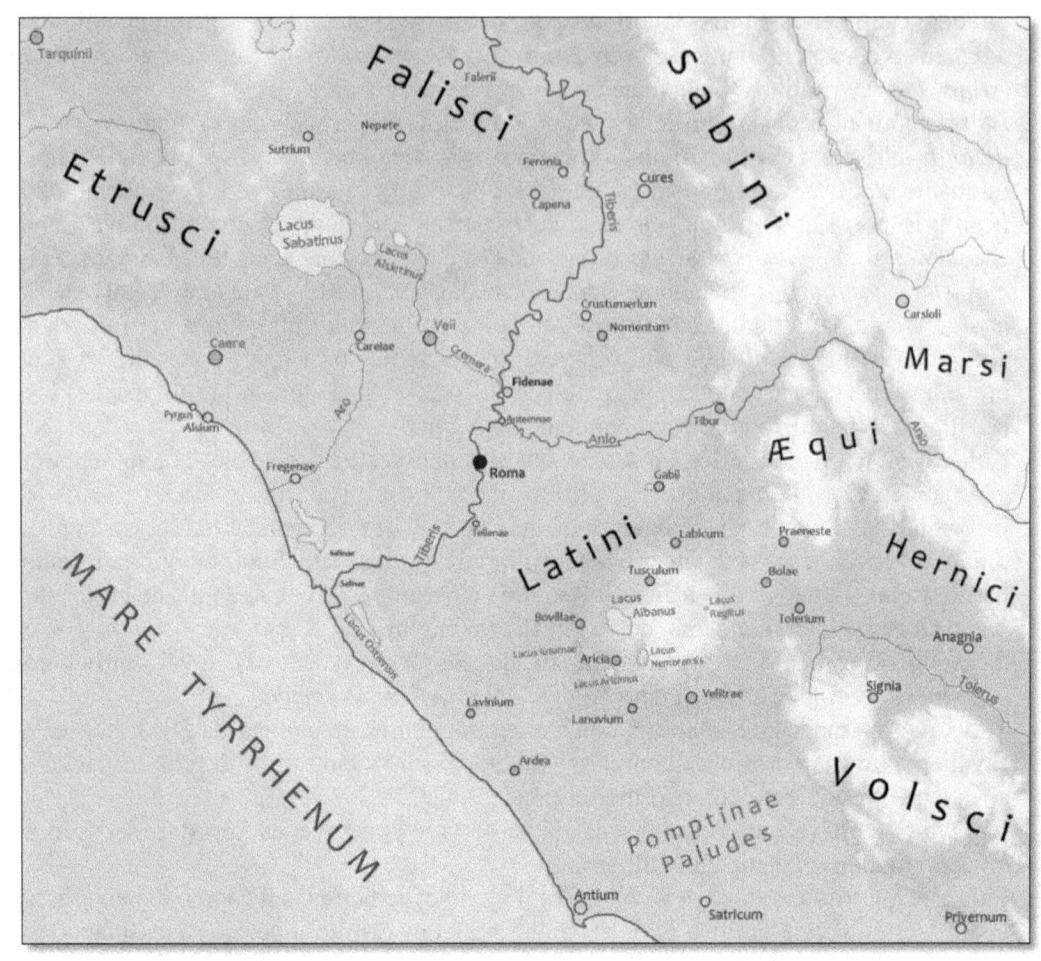

L'Italia centrale al tempo della guerra tra Roma e Veio, 482 a.C.

LA GUERRA TRA VEIO E ROMA, 482- 480

Le guerre tra le due città stato ricominciarono nel 485 o nel 483 a. C.: un primo periodo di lotte ebbe per episodi salienti la vittoria dei consoli Marco Fabio Vibulano e Gneo Manlio Cincinnato, il secondo il massacro della *Gens Fabia* sul Cremera.

Secondo il racconto fattone da Livio nel II libro della *Storia di Roma*, i due consoli condussero la spedizione armata contro Veio, dove si erano concentrati dei contingenti provenienti da tutta l'Etruria, non tanto per sostenere la causa dei Veienti, quanto piuttosto perché c'era la speranza che le discordie interne potessero accelerare il crollo della potenza romana. I capi di tutte le genti etrusche si scalmanavano nelle assemblee sostenendo che l'egemonia di Roma sarebbe durata in eterno, se essi non avessero smesso di sbranarsi tra di loro in tutte quelle lotte fratricide. Quello era l'unico veleno, la sola rovina delle società fiorenti, nata per far conoscere ai grandi potentati il senso della caducità.

Livio continua così: a lungo contenuto, vuoi per l'accorta gestione dei senatori, vuoi per la rassegnazione della plebe, il male stava ormai dilagando in maniera incontrollabile. Di uno stato se n'erano fatti due, con tanto di leggi e magistrati autonomi in ciascuno di essi. Nei primi tempi c'era un'opposizione accesa e sistematica alla leva e poi, quando si trattava di combattere, erano pronti a obbedire ai comandanti. Qualunque fosse la situazione interna, bastava reggesse la disciplina militare per tenere in piedi tutto. Ma adesso disobbedire ai magistrati era diventata una moda che aveva coinvolto anche il mondo militare romano. Che considerassero l'ultima guerra da loro combattuta: quando lo schieramento allineato era già nel pieno dello scontro, ecco che tutti i soldati avevano deciso di comune accordo di rimettere la vittoria nelle mani degli ormai vinti Equi, di liberarsi delle insegne, di abbandonare il comandante sul campo e di rientrare alla base contro ogni ordine ricevuto. Nessun dubbio che se gli Equi avessero fatto ancora uno sforzo Roma sarebbe crollata sotto i colpi dei suoi stessi soldati. Non ci voleva molto: una semplice dichiarazione di guerra e una dimostrazione di efficienza militare. Al resto avrebbero pensato il destino e il volere degli dèi.

Queste speranze spinsero gli Etruschi a scendere in guerra, nonostante la lunga sequenza di alterne vittorie e sconfitte.

I consoli romani, a loro volta, non temevano nulla quanto le proprie forze e le proprie truppe.

Memori del deplorevole incidente occorso nell'ultima guerra, eran terrorizzati all'idea di scendere in campo per affrontare contemporaneamente la minaccia di due eserciti. Così stazionavano all'interno dell'accampamento, paralizzati dall'imminenza di quel doppio pericolo. Non era escluso che il tempo e i casi della vita avrebbero ridotto la tensione degli uomini e riportato il buon senso.

Ma proprio per questo i loro nemici, Etruschi e Veienti, stavano accelerando al massimo le operazioni: sulle prime li provocarono a scendere in campo cavalcando nei pressi dell'accampamento e sfidandoli a uscire; poi, visto il nulla di fatto, presero a insultare a turno i consoli e la truppa.

Dicevano che la storia della lotta di classe[19] era un pretesto per coprire la paura e che il dubbio più grande dei consoli non era rappresentato tanto dalla lealtà quanto dal valore dei loro uomini.
Che razza di ammutinamento poteva essere una rivolta di soldati di leva tutti buoni e silenziosi?
A queste frecciate ne aggiungevano altre, più o meno fondate, circa le recenti origini della loro razza.
I consoli non reagivano a questi insulti provenienti proprio da sotto il fossato e le porte. La moltitudine, invece, meno portata a simulare, prosegue Livio, passava dall'indignazione all'umiliazione più profonda e si dimenticava degli attriti sociali: voleva farla pagare ai nemici e nel contempo non voleva che i consoli e il patriziato potessero vantare una vittoria. Il conflitto psicologico era tra l'odio per la classe avversaria e quello per il nemico.
Alla fin fine ebbe la meglio il secondo, tanto insolente e arrogante era diventato lo scherno dei nemici. Si accalcano davanti al pretorio, reclamano la battaglia, chiedono che si dia il segnale. I consoli confabulano, come se fossero in piena riunione di consiglio. La discussione dura a lungo. Il loro desiderio era combattere; nel contempo, però, frenavano e dissimulavano il desiderio stesso in odo tale che crescesse l'impeto dei soldati ostacolati e trattenuti. Gli uomini si sentirono rispondere che attaccare sarebbe stato prematuro perché gli sviluppi della situazione non erano ancora arrivati al punto giusto. Quindi che rimanessero nell'accampamento. Seguì l'ordine di astenersi dal combattere: se qualcuno, violando la consegna, avesse combattuto sarebbe stato trattato come un nemico. Con queste parole li congedarono: ma il loro apparente rifiuto fece crescere negli uomini l'impazienza di buttarsi all'assalto. Quando i nemici vennero a sapere che il console aveva interdetto ai suoi di scendere in campo, si accanirono ulteriormente nella provocazione, infiammando così ancora di più i soldati romani. Era evidente che li potevano schernire senza correre rischi: godevano di così poca fiducia che venivano negate loro persino le armi. La conclusione sarebbe stato un ammutinamento generale con il conseguente crollo della potenza romana. Forti di queste convinzioni, vanno a lanciare grida di scherno davanti alle porte dell'accampamento e si trattengono a stento dall'assalirlo. A quel punto i Romani non poterono sopportare oltre gli insulti e da tutti i punti del campo si riversarono di corsa davanti ai consoli: le loro non erano più come prima richieste disciplinate e presentate per bocca dei primi centurioni, ma un coro di voci scomposte. La cosa era matura: tuttavia i consoli tergiversavano.
Alla fine, Fabio, vedendo che il collega, di fronte a quel crescente tumulto, era sul punto di cedere per paura di una sommossa, chiamò un trombettiere per imporre il silenzio e poi disse:

> Questi uomini, Gneo Manlio, possono vincere, te lo assicuro; che lo vogliano, ho qualche dubbio, e per colpa loro. Quindi sono deciso a non dare il segnale di battaglia se prima non giurano di ritornare vincitori. Le truppe, durante le fasi di uno scontro, han tradito una volta il console romano: gli dèi non li tradiranno mai.

---

[19] Era il periodo delle lotte sociali e della secessione sull'Aventino.

A quel punto, un centurione di nome Marco Flavoleio, tra i più accaniti nel reclamare la battaglia, disse: *Tornerò vincitore, o Marco Fabio!*
Augurò che l'ira del padre Giove, di Marte Gradivo e degli altri dèi potesse abbattersi su di lui in caso di fallimento. A seguire giurarono tutti gli altri uomini, ripetendo ciascuno lo stesso augurio nei propri confronti. Finito il giuramento si sente il segnale e tutti corrono ad armarsi, pronti a scendere in campo con una carica di rabbioso ottimismo. Ora sfidano gli Etruschi a fare i gradassi, ora ognuno sfida quelle male lingue a farsi sotto, ad affrontare il nemico adesso che è armato di tutto punto!
Quel giorno, patrizi e plebei senza differenze, brillarono tutti per il grande coraggio dimostrato. Al di sopra di ogni altro, però, il nome dei Fabii: con quella battaglia essi riguadagnarono il favore popolare perso nel corso della lunga sequenza di lotte politiche a Roma.
L'esercito viene schierato e né i Veienti né le legioni etrusche si tirano indietro. La loro certezza quasi assoluta era questa: i Romani non li avrebbero affrontati con maggiore determinazione di quanta ne avevano dimostrata con gli Equi; oltretutto, vista l'esasperazione degli animi e la totale incertezza dello scontro, non era escluso che commettessero qualche nuovo e imprevedibile errore.
Ma le cose andarono in tutt'altra maniera: in nessuna delle guerre del passato i Romani si erano prodotti in un attacco così violento, tanto li avevano esasperati sia gli insulti del nemico sia gli indugi dei consoli.
Gli Etruschi avevano appena avuto il tempo di spiegare il proprio schieramento che i Romani, nel pieno della concitazione iniziale, prima avevano lanciato a caso le aste più che prendendo la mira, e poi erano arrivati al corpo a corpo con la spada, cioè proprio il tipo più pericoloso di duello.
Nelle prime file le prodezze straordinarie dei Fabii erano un esempio per i concittadini. Uno di essi, quel Quinto Fabio che era stato console due anni prima, stava guidando l'attacco contro un gruppo compatto di Veienti, quando un etrusco fortissimo e particolarmente esperto nel maneggiare le armi lo sorprese mentre incautamente si spingeva tra un nugolo di nemici e lo passò da parte a parte in pieno petto. E una volta estratta la spada, Fabio crollò a terra riverso sulla ferita.
Anche se si trattava di un uomo solo, la notizia della sua morte fece scalpore in entrambi gli schieramenti e i Romani stavano già per cedere, quando il console Marco Fabio, scavalcandone il cadavere e proteggendosi con lo scudo, gridò:

> Questo che avete giurato, soldati? Fuggire e ritornare al campo? Allora vuol dire che temete quei gran codardi dei nemici più di Giove o Marte, in nome dei quali avete giurato? Benissimo: io non ho giurato, e pure o tornerò indietro vincitore o cadrò battendomi qui accanto a te, Quinto Fabio!

Alle parole del console replicò allora Cesone Fabio, console l'anno precedente:

> Credi, fratello, che diano retta alle tue parole e tornino a combattere? Daranno retta agli dèi, è su di loro che han giurato. Quanto a noi, per il rango sociale che occupiamo e per il nome che portiamo- siamo o non siamo dei Fabii?- è nostro dovere infiammare l'animo dei soldati più con l'esempio concreto che con tanti discorsi.

Detto questo, i due Fabii volarono in prima linea con le lance in resta e si trascinarono dietro tutto l'esercito. 47 Così furono risollevate le sorti della battaglia da quella parte. Dall'altra ala dello schieramento il console Gneo Manlio stava impegnandosi con non meno ardore a sostenere il combattimento, quando accadde un episodio quasi del tutto analogo. Infatti, come prima Quinto Fabio all'ala opposta, così adesso da questa parte Manlio, mentre stava guidando l'attacco impetuoso dei suoi soldati contro il nemico già quasi allo sbaraglio, fu ferito gravemente e dovette abbandonare la battaglia. La truppa, credendolo morto, cominciò a vacillare e avrebbe ceduto la posizione se l'altro console, arrivato al galoppo da quella parte con alcuni squadroni di cavalieri, gridando che il suo collega era vivo e che egli stesso aveva piegato e messo in fuga i nemici dall'altro versante dello schieramento, non avesse raddrizzato la situazione. Anche Manlio, facendosi vedere in mezzo a loro, contribuisce a rimettere in sesto la linea di battaglia. E il morale degli uomini riprende sùbito quota appena riconoscono i lineamenti dei due consoli. Nello stesso istante si riduce anche la pressione del nemico perché essi, contando sulla superiorità numerica, avevano ritirato le riserve e le avevano mandate ad attaccare l'accampamento romano.

Lì la resistenza è di breve durata, continua Tito Livio, nonostante la violenza relativamente modesta dell'urto. Mentre però i nemici si davano da fare col bottino più che preoccuparsi degli sviluppi della battaglia, i triarii romani, che non erano stati capaci di sostenere l'impeto iniziale, mandarono dei messaggeri per riferire ai consoli come andavano le cose; quindi, riunitisi di nuovo nei pressi del pretorio, lanciarono un contrattacco senza aspettare i rinforzi e di loro spontanea volontà. Nel frattempo il console Manlio era rientrato nell'accampamento e, piazzando degli uomini in corrispondenza di tutte le porte, aveva tagliato al nemico ogni via d'uscita. Gli Etruschi allora, in quella situazione disperata, invece di dare una dimostrazione di coraggio, persero la testa. Infatti, dopo aver più volte tentato invano di sfondare dove speravano che fosse possibile una sortita, un gruppo compatto di giovani si lanciò dritto sul console, dopo averlo individuato per il tipo di armamento che aveva addosso. I primi colpi furono parati dai soldati del suo séguito, ma l'urto era troppo violento per poterlo reggere più a lungo; e il console cadde, ferito a morte, mentre gli uomini del suo presidio personale fuggirono. Gli Etruschi ripresero allora coraggio e il panico si impadronì dei Romani che correvano all'impazzata per l'accampamento: la situazione sarebbe veramente precipitata, se alcuni ufficiali superiori, dopo essersi impadroniti del corpo del console, non avessero dato via libera ai nemici da una delle porte. Fu di lì che si lanciarono fuori, andando però a cozzare senza più nessun ordine nel console vincitore che li massacrò di nuovo e quindi li disperse.

Fu una grande vittoria, anche se funestata dalla morte di due uomini di quella statura.

Così il console, quando il senato autorizzò il trionfo, disse in risposta che se le truppe lo potevano celebrare senza il loro generale, egli avrebbe dato volentieri il proprio consenso per l'eccellente prestazione da esse offerta in quella guerra.

Quanto a sé stesso, con la famiglia in pieno lutto per la morte del fratello Quinto Fabio e lo Stato mutilato in una delle sue parti per la perdita dell'altro console, non avrebbe potuto accettare la corona d'alloro in quel momento di grande cordoglio pubblico e privato. Il rifiuto del trionfo fu un titolo di merito superiore a qualsiasi altro trionfo mai celebrato, com'è vero che rifiutare la gloria al momento giusto significa raddoppiarla col tempo. Poi celebrò uno dopo l'altro i funerali del collega e del fratello, e in entrambi i casi pronunciò l'orazione funebre: pur non togliendo ai due uomini alcun merito, riuscì a concentrare su se stesso buona parte delle lodi. E senza perdere di vista quella politica di riconciliazione con la plebe che era stata uno dei suoi obiettivi principali all'inizio del consolato, affidò ai patrizi il compito di curare i soldati feriti. La maggior parte toccò ai Fabii e le attenzioni che essi ricevettero in questa casa non ebbero uguali nel resto della città. Da quel momento i Fabii cominciarono a essere popolari presso la plebe e fu soltanto servendo lo Stato che essi raggiunsero un simile obiettivo[20].

---

[20] Liv. II, 43 segg.

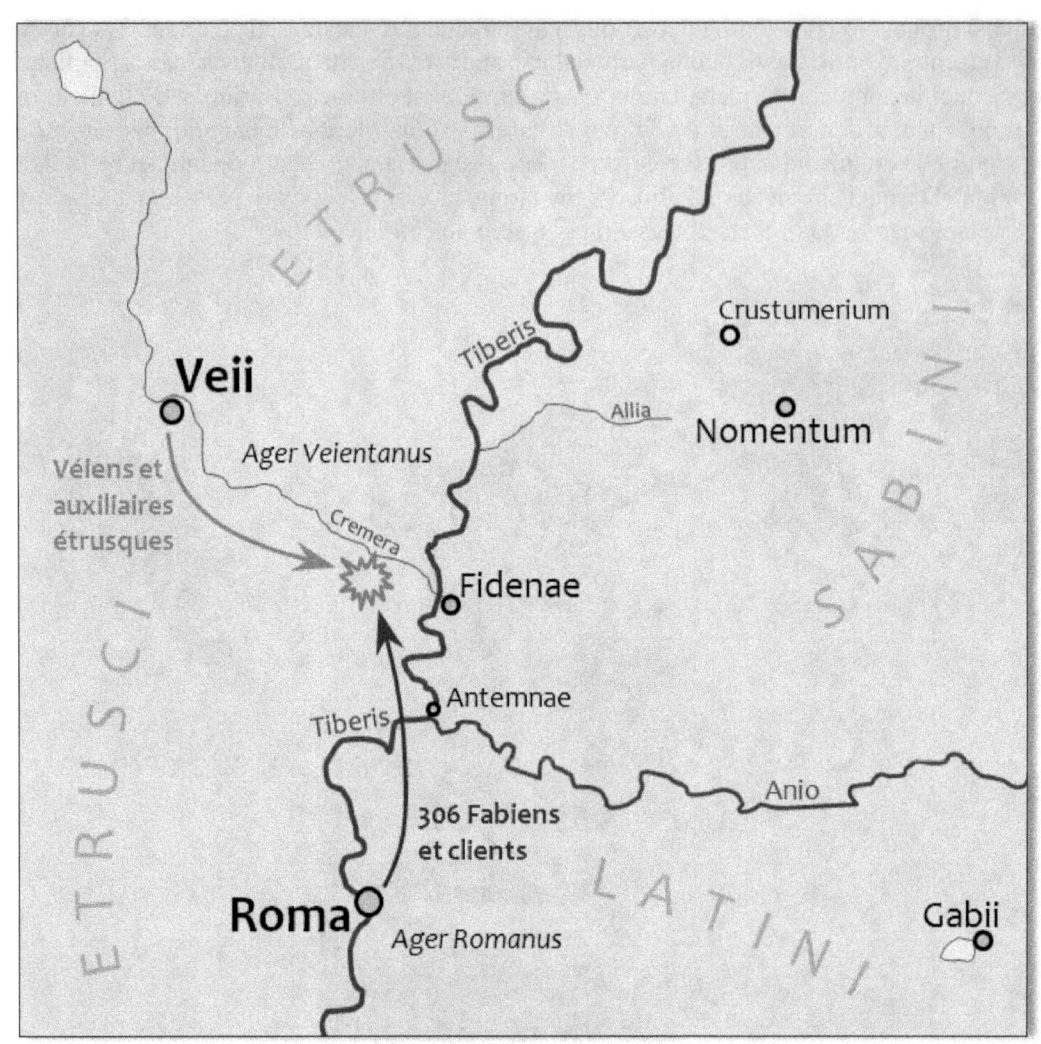

Battaglia del Cremera, 477 a,C.

I TRECENTO FABII E
LA BATTAGLIA DEL CREMERA, 477

CASTLE OF THE FABII

Contro Veio, ai Romani toccarono anche gravi sconfitte, e rimase memorabile lo sterminio dei Fabii (277 - 477), i quali in seguito alle interne discordie dello stato si erano volontariamente esiliati dalla capitale e avevano assunto la difesa dei confini verso l'Etruria, dove sul ruscello Cremera tutti i Fabii atti alle armi furono uccisi.

La *gens Fabia* è un'antichissima stirpe patrizia romana che faceva risalire la propria origine a Ercole che avrebbe generato il progenitore dei Fabii con una figlia del re arcade Evandro o con una ninfa. Dalla *gens* prese il nome la tribù Fabia, istituita secondo la tradizione insieme con le altre tribù rustiche nel 260 a.U.c.- 494 a.C.; a questa *gens* è legato il culto del primitivo dio Luperco.

Ai Fabii e ai Quintili o Quinzi appartennero sempre ed esclusivamente dapprima i dodici sacerdoti preposti a questo culto, che si collega con la leggenda delle origini di Roma e continuò a essere celebrato nelle feste dei Lupercali per tutta la repubblica e per tutto l'impero sino alla fine del sec. V. d. C.

Gli antichi fecero derivare il nome *Fabius* da *fodere* (scavare) o *fobea* (fossa), dove Ercole avrebbe posseduta la figlia di Evandro o una ninfa da cui sarebbe discesa la *gens*, e ancora da *faba* (fava): entrambi i significati hanno un legame con l'oltretomba, e infatti i Fabii praticavano culti gentilizi legati alle divinità ctonie.

Fin dai primissimi tempi della repubblica i Fabii furono a capo dello stato e sono sempre stati i più celebrati fra le nobili *gentes* romane per il gran numero di magistrature da loro ricoperte e ancor più per le loro grandi imprese di guerra e di pace. Ovidio (*Fast.*, I, 606) riferisce che la *gens Fabia* si chiamò *Maxima* per i suoi meriti.

Nelle guerre contro gli Etruschi molto spesso un Fabio appare come comandante dei Romani e per sette anni di seguito, dal 485 al 470, è registrato nei *Fasti* un console Fabio. Poi, per undici anni, dal 478, il nome dei Fabii scompare dai *Fasti* e nel 477 gli annalisti pongono la battaglia del Cremera dove si dice avvenisse la strage dei 300 Fabii

Trecento, o più esattamente trecentosei uomini componenti la *gens Fabia*, furono, secondo quanto tramandato da Livio, sterminati dagli Etruschi alla battaglia del Cremera nel 283- 477. Dalla strage scampò soltanto un fanciullo che per l'età era rimasto a Roma,

Quinto Fabio Vibulano. Gli storici moderni pongono però in dubbio tutta la tradizione relativa al massacro della *gens Fabia*.

La somiglianza del racconto pervenutoci della strage dei Fabii con quello del combattimento di Leonida e dei suoi trecento spartiati alle Termopili è evidente, ma ciò non significa che la battaglia del Cremera non sia avvenuta, come sembra provare l'assenza dei membri della famiglia dai *Fasti* per undici anni.

Alcuni vogliono vedere nella leggenda dei Fabii una favola giuridico-morale che mostra i pericoli della guerra privata, dando soprattutto un esempio della congiura (*coniuratio*). Ma anche questa è una semplice congettura, perché tra la guerra privata e la *coniuratio* c'è molta differenza, essendo la *coniuratio* fatta per conto dello stato; non ha quindi nessuna relazione con la leggenda dei Fabii.

È dunque da credere che l'epopea popolare abbia tramandato il ricordo di una sconfitta realmente riportata dai Romani e che i Romani si siano realmente stabiliti presso il Cremera per impedire ai Fidenati di unirsi con i Veienti e che questi abbiano sventato il piano dei Romani. Non è certo facile spiegare perché i Fabii siano stati i promotori e gli esecutori dell'impresa, ma non è impossibile ammettere che la *gens Fabia* abbia tentato anche d'estendere i propri possessi che probabilmente si trovavano sulla riva destra del Tevere. In quanto poi alla notizia che uno solo fu il superstite, il quale soltanto dieci anni dopo ricopriva la prima magistratura dello stato, si può ritenere che in questo modo si sia voluta spiegare un'interruzione, constatabile nei *Fasti*, della partecipazione dei Fabii alle alte magistrature. Ma certo il superstite non fu l'unico, poiché non si può credere che i Fabii consoli negli anni dopo discendano tutti da questo Fabio, il quale, secondo una notizia, sposò una figlia del ricco Otacilio Maleventano, e il figlio che doveva continuare la stirpe gloriosa ebbe il prenome di Numerio.

Ecco come Tito Livio narra gli avvenimenti nel secondo libro delle sue *Storie*[21].

I Latini erano tormentati dalle incursioni degli Equi. Cesone si recò allora con un esercito nel territorio degli Equi per compiervi delle razzie. Gli Equi si arroccarono nella loro città, al riparo delle fortificazioni, e fu per questo che non ci fu nessuno scontro particolarmente memorabile. Coi Veienti, invece, si registrò una disfatta solo a causa della temerarietà dell'altro console: l'esercito sarebbe stato distrutto, se Cesone Fabio non fosse arrivato per tempo in aiuto. Dopo questo episodio, i rapporti coi Veienti non furono né pacifici né bellicosi, ma si limitarono a una sorta di reciproca scorrettezza. Di fronte alle legioni romane, si arroccavano nelle loro città; quando vedevano che le legioni si erano ritirate, allora uscivano e facevano delle scorrerie nelle campagne, eludendo alternativamente la guerra con una sorta di pace e la pace con la guerra. In modo tale che la cosa non poteva né essere abbandonata né esser portata a compimento. Quanto ai rapporti con gli altri popoli, si era di fronte o a guerre imminenti (per esempio con Equi e Volsci, la cui inattività non poteva durare più del tempo necessario per digerire il dolore, ancora bruciante, per l'ultima disfatta) o a guerre destinate a scoppiare di lì a poco (con i Sabini sempre ostili e con l'intera Etruria).

Ma i Veienti, tipo di nemici più ostinati che insidiosi e portati maggiormente a provocare che a creare pericoli, faceva tenere il fiato in sospeso perché non lo si poteva mai perdere di vista e impediva di rivolgere altrove l'attenzione. Allora la *gens Fabia* si presentò di fronte al senato e il console parlò a nome della propria famiglia:

---

[21] *Ibid.*, II, 48 segg.

Nella guerra contro Veio, come voi sapete, o padri coscritti, la costanza dello sforzo militare conta più della quantità di uomini impiegati. Voi occupatevi delle altre guerre e lasciate che i Fabii se la vedano coi Veienti. Per quel che ci concerne, vi garantiamo di tutelare l'onore del popolo romano: nostra ferma intenzione trattare questa guerra alla stregua di una questione di famiglia e di accollarcene tutte le spese: lo Stato non deve preoccuparsi né dei soldati né del denaro.

Seguì un coro unanime di ringraziamenti. Il console uscì dalla curia e se ne tornò a casa scortato da un nutrito drappello di Fabii, i quali avevano aspettato il verdetto del senato nel vestibolo della curia. Quindi, ricevuto l'ordine di trovarsi il giorno dopo, armati di tutto punto, di fronte alla porta del console, rientrarono tutti nelle proprie case.
La notizia fece il giro della città e i Fabii vennero portati alle stelle, prosegue Livio: una famiglia si era assunta da sola l'onere di sostenere lo Stato e la guerra contro i Veienti si era trasformata in una faccenda privata e combattuta con armi private. Se in città ci fossero state altre due famiglie così forti, una si sarebbe occupata dei Volsci e l'altra degli Equi e il popolo romano si sarebbe goduto beatamente la pace una volta sottomessi tutti i vicini. Il giorno successivo i Fabii si presentano all'appuntamento armati di tutto punto. Il console, uscito nel vestibolo in uniforme da guerra, vede schierati tutti i membri della sua famiglia e, postovisi a capo, dà ordine di mettersi in marcia. Per le vie di Roma non sfilò mai in passato nessun altro esercito meno numeroso ma nel contempo così acclamato e ammirato dalla gente. Trecentosei soldati, tutti patrizi, tutti della stessa famiglia, ciascuno dei quali più che degno di esserne al comando, e capaci insieme di formare, in qualsiasi momento, un'eccellente assemblea, avanzarono a passo di marcia minacciando l'esistenza del popolo di Veio con le forze di una sola famiglia. Li seguiva una folla in parte costituita da parenti e amici - gente straordinaria che volgeva l'animo non alla speranza o alla preoccupazione, ma solo a sentimenti sublimi - e in parte da gente qualunque spinta dall'ansia di partecipare e piena di entusiasmo e ammirazione. Tutti auguravano loro di essere sostenuti dal coraggio e dalla fortuna e di riportare un successo degno dell'impresa. E una volta di nuovo in patria, avrebbero potuto contare su consolati e trionfi, e su ogni forma di premio e riconoscimento[22].
In realtà si deve calcola che le forze messe in campo dai Fabii fossero prossime alle cinquemila unità, (quasi un'intera legione di cui i membri della *gens* probabilmente fornivano la cavalleria) dato che assieme ai componenti della famiglia si dovettero aggregare, per amore o per forza, anche i numerosi *clientes* legati ai Fabii, secondo le leggi romane del patronato e della clientela, da doveri di aiuto e sostegno reciproci.
Quando passarono davanti al Campidoglio, all'arce ed agli altri templi, prosegue Livio, supplicarono tutte le divinità che sfilavano davanti ai loro occhi, e quelle che venivano loro in mente, di accordare a quella schiera favore e fortuna e di restituirla intatta e in breve tempo alla patria e ai parenti. Ma vane furono le preghiere. Partiti lungo la via Infelice e passati dall'arcata destra della porta Carmentale, arrivarono alla riva del torrente Cremera, posizione che sembrò indicata per la costruzione di un *oppidum* fortificato. Dopo questi episodi furono eletti consoli Lucio Emilio e Caio Servilio[23].

---

[22] *Ibid.*, II, 49.
[23] *Ibid.*

Dionigi d'Alicarnasso da parte sua scrive che

> Quando arrivarono presso il fiume Cremera che scorre non lontano dalla città di Veio, costruirono un forte su un colle ripido e scosceso, per controllare il territorio. La fortezza era grande a sufficienza per essere difesa da un tale esercito, circondata da una doppia palizzata e con torri ravvicinate e fu chiamata *Cremera* dal nome del fiume. Poiché al lavoro partecipava lo stesso console fu impiegato meno tempo del previsto[24]

Asserragliati nel loro presidio, i Fabii si diedero al saccheggio del territorio veiente.
Finché si trattò soltanto di razzie, i Fabii non solo garantirono una sicura protezione al loro campo fortificato, ma in tutta l'area di confine tra la campagna romana e quella etrusca resero sicura la propria zona e, con continui sconfinamenti, crearono un clima di pericolo costante nel territorio nemico.
Quindi le razzie cessarono per un breve tempo, finché i Veienti, reclutato un esercito in Etruria, attaccarono il presidio di Cremera e le legioni romane agli ordini del console Lucio Emilio li affrontarono in uno scontro all'arma bianca. A dir la verità, i Veienti ebbero così poco tempo per schierarsi in ordine di battaglia che, quando nel disordine delle manovre iniziali era in corso l'allineamento dietro le insegne e la collocazione dei riservisti al loro posto, la cavalleria romana li caricò all'improvviso sul fianco, togliendo loro la possibilità non solo di attaccare per primi, ma anche di mantenere la posizione. Respinti in fuga fino al loro accampamento ai *Saxa Rubra*, implorarono la pace.
Ma per la debolezza tipica del loro carattere, si pentirono di averla ottenuta prima che la guarnigione romana avesse evacuato il campo del Cremera[25].
Il popolo di Veio si trovò di nuovo nella necessità di vedersela coi Fabii, senza però essere meglio preparato alla guerra. E non si trattava più soltanto di razzie nelle campagne e di repentine rappresaglie contro i razziatori, ma si combatté non poche volte in campo aperto e a ranghi serrati, e una famiglia romana, pur misurandosi da sola, ebbe più volte la meglio su quella città etrusca allora potentissima. Sulle prime ai Veienti ciò parve umiliante e penoso. Poi però, studiando la situazione, decisero di giocare d'astuzia contro quel nemico irriducibile, anche perché vedevano con piacere che i reiterati successi avevano raddoppiato l'audacia dei Fabii.
Così, parecchie volte, quando questi ultimi si avventuravano in razzie, facevano trovare loro, come per pura coincidenza, del bestiame sulla strada; vaste estensioni di terra venivano abbandonate dai proprietari e i distaccamenti inviati ad arginare le razzie fuggivano con un terrore più spesso simulato che reale. E ormai i Fabii si erano fatti un'idea tale del nemico da non ritenerlo in grado di sostenere le loro armi vittoriose, qualunque fossero stati l'occasione e il luogo dello scontro. Quest'illusione li portò ad uscire allo scoperto, nonostante la presenza in zona del nemico, per catturare una mandria avvistata a notevole distanza dal campo del Cremera.
Sulla data esatta della battaglia che sarebbe passata alla storia romana come *clades Cremerensis*, il *disastro del Cremera*, non vi è unanimità fra gli studiosi. Le ipotesi

---

[24] Dionigi d'Alicarnasso, *Antichità romane*, IX, 15
[25] Liv., II, 50.

sono tre: le idi di febbraio (13 febbraio), il giorno dopo le idi di qunitile, ossia il 16 luglio o il quindicesimo giorno prima delle calende di sestile, il 18 luglio[26].
La data del 13 febbraio è spesso considerata la più probabile, in quanto riportata da Ovidio, il quale scrive:

> Alle Idi fumano gli altari del Fauno agreste nel punto dove l'isola divide le acque :
> è il giorno in cui trecentosei Fabi caddero in battaglia sotto le armi di Veio.
> Una sola casa si era assunta le forze e il peso della città[27].

Ovidio però è a volte poco preciso circa gli aspetti calendariali degli eventi storici: tanto che il 13 febbraio non è un *dies ater*, come erano considerati i giorni che avevano fama di essere sfortunati[28], come quelli delle sconfitte: il 18 luglio è sì un *dies ater*, in quanto *dies allensis*, il giorno della sconfitta inflitta dai Senoni ai Romani sull'Allia[29]; È merito di Santo Mazzarino aver dimostrato la connessione indissolubile tra *dies Cremerensis* e *dies Alliensis*: tra quel 18 luglio 478 a.C. che aveva visto il sacrificio dei Fabii per Roma al fiume Cremera e il 18 luglio 390 a.C., il giorno in cui – conseguentemente al comportamento dei legati Fabii che a Chiusi avevano violato il *ius fetiale* attaccando i Celti insieme agli Etruschi– la sconfitta al fiume Allia aprì ai Galli il 18 di luglio la strada per Roma. In tal modo, all'accusa di un loro rovinoso filo-etruschismo, i Fabii avrebbero contrapposto in seguito lo sterminio (quasi totale) della propria *gens* sempre un 18 di luglio per difendere in passato, appunto contro gli Etruschi, la *ripa Veientana*, non solo evidentemente a protezione della città, ma anche dei territori della propria tribù, quelli che si estendevano in corrispondenza appunto della tribù che recava il loro gentilizio[30]

Livio descrive la sequenza degli avvenimenti. Dopo aver superato, senza però rendersene conto vista la velocità con cui procedevano, un'imboscata proprio sulla loro strada, si dispersero nel tentativo di catturare il bestiame che, come sempre succede quando reagisce spaventato, correva all'impazzata in tutte le direzioni. Proprio in quel momento, si trovarono all'improvviso di fronte i nemici saltati fuori dovunque dai loro nascondigli. Prima fu il terrore per l'urlo di guerra levatosi intorno a loro, poi cominciarono a volare proiettili da ogni parte. E mentre gli Etruschi con una manovra

---

[26] I mesi di *quintilis* e *sextilis* furono poi ribattezzati *iulius* e *augustus*, in onore di Giulio Cesare e Ottaviano Augusto.
[27] Hov., *Fasti*, II, 193 segg.
[28] Scrive A. Fraschetti che per spiegare questo presunto errore sono state avanzate le ipotesi più diverse, a partire da quelle di Barthold Georg Niebuhr e di Theodor Mommsen, i quali pensarono che Ovidio avesse confuso la data della clades (18 luglio) con il giorno della partenza dei Fabii da Roma (13 febbraio), fino a quella, più recente, di Eckard Lefèvre, che da parte sua ritiene quello di Ovidio un errore dettato dalla necessità di rinvenire a tutti i costi, lontano da Roma, a Tomi, *con il coraggio della disperazione* (mit der Mute der Verzweiflung) il giorno della strage del Cremera, non potendo più ricorrere, mentre componeva in esilio questo settore dei *Fasti*, alla competenza «*gentilizia*» di Paullus Fabius Maximus, ma volendo comunque rendere omaggio al suo patrono potentissimo (A. Fraschetti," Ovidio, i Fabii e la battaglia del Cremera", *Mélanges de l'École française de Rome,* 110 (1998), p. 737)
[29] La *clades Allensis* avvenne nel 368 a.U.C.- 386 a.C. o nel 364- 390.
[30] *Ibid*. Anche il calendario marmoreo di Anzio di età giulio- claudia fa coincidere *dies Alliensis* e *dies Cremerensis*.

centripeta li chiusero in una fila ininterrotta di uomini, in modo che a ogni loro passo avanti corrispondeva una riduzione dello spazio concentrico in cui i Romani si potevano muovere, questa mossa ne mise in chiara luce l'inconsistenza numerica esaltando invece la massa compatta degli Etruschi che sembravano il doppio in quella stretta fascia di terra.

Allora, rinunciando alla resistenza che avevano sostenuto in tutti i settori, si concentrarono in un unico punto dove, grazie alla forza d'urto e alla loro perizia militare, riuscirono a fare breccia con una formazione a cuneo.

In quella direzione arrivarono a un'altura appena accennata, dove in un primo tempo riuscirono a resistere. Poi, dato che la posizione sopraelevata permise loro di tirare il fiato e di riprendersi dal grande spavento, respinsero anche i nemici che pressavano da sotto.

Quel pugno di uomini stava avendo la meglio grazie alla posizione vantaggiosa, quando i Veienti spediti ad aggirare l'altura emersero da dietro sulla cima e permisero ai compagni di riprendere in mano la situazione. I Fabii vennero massacrati dal primo all'ultimo e il loro campo venne espugnato[31].

Così la prosa di Livio: nella lirica di Orazio gli avvenimenti sono così descritti:

> Dove vi precipitate, nobile stirpe? È sbagliato
> fidarsi del nemico, nobiltà schietta, attenti alle armi ingannevoli!
> La frode distrugge il valore: da tutte le parti i nemici
> balzano in campo aperto e tengono tutti i fronti.
> Che possono fare contro tante migliaia pochi valorosi?
> Che risorsa hanno nell'estremo rischio?
> Come un cinghiale cacciato dai latrati lontano dai boschi disperde
> col muso fulmineo i cani veloci, e subito poi lui stesso perisce,
> così non muoiono invendicati, e con mano alterna danno e ricevono colpi.
> Un solo giorno mandò in guerra tutti i Fabi ed un solo giorno,
> entrati in guerra, li uccise tutti[32].

Nel racconto dell'episodio ritenuto da Dionigi d'Alicarnasso il più credibile però lo scontro finale contro i Veienti non si svolse in un solo giorno, ma in due. In tal caso il *dies Cremerensis* dovrebbe essere quello – il secondo – che vide la sortita dei Fabii dall' *oppidum* (Dionigi lo chiama in greco *phrourion*) a soccorso dei compagni e poi lo sterminio finale dei Fabii asserragliatisi nuovamente *oppidum*, e usciti di nuovo incontro ai nemici. In effetti, nella misura in cui Dionisio dichiarava di privilegiare il racconto a suo avviso più attendibile, evidentemente non poteva non ritenere più verosimile la tradizione che voleva i Fabii attestati su un'altura, piuttosto che lungo il fiume e di conseguenza in un luogo pianeggiante[33]. Al contrario, la tradizione ripresa da Livio faceva sempre riferimento al Cremera: è dal loro accampamento presso il fiume che i Fabii uscivano per compiere scorrerie nel territorio veiente, raccogliendosi su un'altura solo per lo scontro finale, quello in cui furono sterminati[34]. E' molto probabile, e

---

[31] Liv., II,50.
[32] Hov., *Fasti*, II,225-236-
[33] J.-C. Richard, "Trois remarques sur l'épisode du Crémère", *Gerión*, 7, 1989, pp. 67-68.
[34] Fraschetti, art. cit.

confermato dagli annalisti Cneo Gellio e Cassio Emina[35], che la battaglia finale sia sia svolta in due fasi, dal 16 (*postridie idus Quintiles*[36]) al 18 luglio (*a.d. XV kal. Sextiles*). L'altura dove si sarebbe svolta l'ultima resistenza potrebbe essere quella su cui oggi sorge Isola Farnese, o, forse, nella zona dei *Saxa Rubra*, Grottarossa, dove il campo romano sarebbe stato protetto dal corso del Tevere e del Cremera.

Quanto all'esito finale, scrive Livio che morirono in trecentosei; se ne salvò soltanto uno, poco più di un ragazzo, destinato a mantenere in vita la stirpe dei Fabii e a diventare per Roma, nei momenti più cupi in pace e in guerra, un sostegno fondamentale. Al momento di questo disastro, Gaio Orazio e Tito Menenio erano già consoli. Menenio fu subito inviato a fronteggiare gli Etruschi esaltati dalla vittoria[37].

> Ma gli stessi dei, dobbiamo pensare, si presero cura
> che sopravvivesse il germe di quella casa erculea;
> un ragazzo imberbe, ancora non atto alle armi,
> restava, lui solo, della gente Fabia,
> certo perché tu potessi nascere, Massimo[38],
> un giorno, col destino di salvare, temporeggiando, l'impero[39].

Se la storia dell'unico sopravvissuto dei Fabii fosse vera, il che è alquanto improbabile, bisognerebbe dedurre che il miracolato fosse Quinto Fabio Vibulano, figlio di Marco, in seguito diverse volte console e anche decemviro. In pratica, nonostante la morte di tutti i membri della gens, l'ultimo sopravvissuto non fece altro che riprendere le redini della famiglia e ricominciare da dove avevano lasciato suo padre e i suoi zii.Ma come scrivono A. Frediani e S. Prossomariti nel loro saggio sulle grandi famiglie di Roma antica, la storia non appare assurda solo ai nostri occhi, ma già a quelli di Dionigi, il quale considera impossibile che di tutti i Fabi solo uno avesse moglie e figli, soprattutto considerando una legge che imponeva ai romani di prendere moglie e avere figli quando fosse giunta l'età per farlo. Molti studiosi non hanno potuto fare a meno di associare questa leggenda a quella di Leonida e dei suoi, ma è molto più probabile che vada collegata a rituali funebri e alla durata dell'anno romano secondo il calendario lunare[40].

La *clades Cremerensis* è anche il simbolo di un cambiamento fondamentale per la società romana: il passaggio da una fase in cui le guerre si combattevano anche

---

[35] Gn. Gellio, fr. 25 *HRF* Peter; C. Emina, fr. 20 *HRF* Peter = 24 Santini.

[36] Il giorno 16 luglio fu indicato in senato dall'aruspice L. Aquinio non solo come quello della ricorrenza delle sconfitte dell'Allia e del Cremera, ma anche di altri combattimenti conclusisi con esito nefasto dopo sacrifici celebrati in un giorno successivo alle idi, quindi *ater* o *religiosus* (Macrobio, *Saturnali*, 1 16,22-23: *Q. Sulpicium tribunum militum ad Alliam adversum Gallos pugnatum rem divinam dimicandi gratia fecisse postridie idus Quintiles; item apud Cremeram multisque aliis temporibus et locis post sacrificium die postero celebratum male cessisse conflictum*).

[37] Liv., II, 50.

[38] Quinto Fabio Massimo il Verrucoso, poi il Temporeggiatore (*Cunctator*), avversario di Annibale.

[39] Hov. *Fasti*, II, 237-242.

[40] A. K. Michels, *The Calendar of the Roman Republic*, Princeton, 1967.

privatamente a quella in cui fu lo Stato ad assumersi l'onere, ponendo fine al dominio delle potenti *gentes*[41].

La *"Grotta Campana"* di Veio a metà del XIX secolo. (da G. Dennis, *The Cities and Cemeteries of Etruria*, 1848)
La tomba, che prende nome dal marchese Giovanni Pietro Campana che la scoprì durante gli scavi da lui condotti nel 1842-43 venne rinvenuta già depredata, così Campana ritenne di riempirla con reperti provenienti da altre località da lui scavate, tra cui Orte, deponendovi anche due scheletri etruschi.

---

[41] A. Frediani, S. Prossomariti, *Le grandi famiglie di Roma antica. Storia e segreti*, Roma 2014, nel capitolo dedicato alla gens Fabia.

LE BATTAGLIE DEL GIANICOLO E DI VEIO.
476- 475

I Veienti dopo aver massacrato i Fabii e aver espugnato *l'oppidum* dei Fabii marciarono armati contro la stessa Roma.

Al momento della *clades Cremerensis*, Gaio Orazio e Tito Menenio erano già consoli, e proprio Menenio fu subito inviato a fronteggiare gli Etruschi, esaltati dalla vittoria. Ma ancora una volta la spedizione romana ebbe un esito sfavorevole e i Tirreni vittoriosi riuscirono ad occupare il Gianicolo. I Veienti avevano così la possibilità di assediare Roma, messa alle strette non solo dalla guerra ma da una carestia in atto, visto che il territorio intorno all'Urbe era sistematicamente pattugliato dai Veienti stessi, se il console Orazio non fosse stato richiamato dalle terre dei Volsci. La guerra stava minacciando le mura così da vicino che avevano già avuto luogo una prima battaglia dall'esito incerto presso il tempio della Speranza e una seconda davanti alla porta Collina.

Là, i Romani ebbero la meglio, anche se di poco; tuttavia questa battaglia restituì ai soldati il coraggio dei giorni migliori in vista degli scontri a venire. Aulo Verginio e Spurio Servilio vennero quindi nominati consoli.

Dopo la sconfitta subita a porta Collina, i Veienti evitarono il confronto in campo aperto e optarono per la tecnica della scorribanda: utilizzando il Gianicolo come campo base, facevano incursioni qua e là nella campagna romana e tutti, bestiame e contadini, erano in pericolo. Ma dopo un po' di tempo furono vittime della stessa trappola nella quale erano caduti i Fabii: mentre stavano inseguendo i capi di bestiame utilizzati intenzionalmente come esca, caddero in un'imboscata; siccome però erano più numerosi dei Fabii sul Cremera, le proporzioni del massacro furono maggiori. Questo disastro, suscitando la loro rabbiosa reazione, rappresentò l'inizio e la causa di una ben più grave disfatta.

Infatti, attraversato il Tevere in piena notte, gli Etruschi si buttarono all'assalto del campo del console Servilio. Respinti con ingenti perdite, riuscirono a riparare faticosamente sul Gianicolo. Senza indugiare un attimo, il console passò a sua volta il Tevere e piazzò un campo fortificato sotto il Gianicolo. All'alba del giorno successivo, esaltato in parte dal successo del giorno prima, ma soprattutto costretto dalla carestia a optare per soluzioni spericolate purché di rapido effetto, arrivò a una tale temerarietà da spingere le sue truppe su per le pendici del Gianicolo fino al campo nemico: la sconfitta fu peggiore di quella subita dai Veienti il giorno precedente e, soltanto grazie all'intervento del collega, il console e le sue truppe ne uscirono incolumi. Gli Etruschi, presi tra i due eserciti consolari, dovendo dare le spalle ora all'uno ora all'altro, subirono un vero massacro[42].

Dionigi di Alicarnasso descrive così la battaglia, quando i romani contrattaccarono i Tirreni (Τυρρενοι), come, alla greca, chiama gli Etruschi, in uno scontro conclusosi con la sconfitta etrusca ed il sacco del loro accampamento, ma anche con gravissime perdite da parte romana:

---

[42] Liv., II, 46.

E poiché tardavano ad arrivare i rifornimenti dall'esterno, e sarebbero terminati in breve quelli all'interno [della città], non c'era altro scampo dai pericoli che o rischiare necessariamente tutte le forze e scacciare i nemici dal territorio, o morire rinchiusi dentro le mura per le discordie interne e la fame. Perciò decisero di marciare contro i nemici, come fosse il minore dei mali. E usciti dalla città con l'esercito, traversarono il fiume con piccole barche intorno alla metà della notte, e prima che il giorno fosse sorto, già avevano posto il campo nelle vicinanze di dove si trovavano i nemici; qui, il giorno dopo, adunato l'esercito, lo schierarono in ordine di battaglia[43].

Verginio comandava l'ala destra, e Servilio la sinistra. I Tirreni vedendoli pronti per combattere, ne esultarono; quasi che, se avessero vinto quel singolo combattimento, avrebbero abbattuto il potere di Roma, vedendo schierati il fior fiore dei Romani, e speravano con molta presunzione, di poterli vincerli facilmente perché avevano sconfitto Menenio, che aveva combattuto contro di loro in un sito meno favorevole. Iniziata una vivace battaglia, uccisero un gran numero di Romani; ma avendo perso più uomini, si ritirarono a poco a poco fra le loro difese.

Verginio, che comandava l'ala destra, non permise che i Romani li inseguissero, ma volle che si contentassero di quanto si era fino allora ottenuto.

Al contrario Servilio, comandante dell'altra ala, incalzò ancora per lungo tempo quelli che aveva di fronte, ma quando furono giunti alle falde del Gianicolo, i Tirreni mutarono fronte, e soccorsi da quelli rimasti di guardia agli accampamenti attaccarono i quiriti.

I Romani sostennero l'urto per breve tempo; poi si ripiegarono, e inseguiti giù dal colle caddero sparsi qua è là; quando Verginio vedendo in quale pericolo era venuta a trovarsi l'ala sinistra dell'esercito guidò la propria, tutta schierata com'era, per la strada obliqua del monte. E arrivato alle spalle di quelli che incalzavano i suoi uomini, lasciò parte dell'esercito per bloccare i rinforzi che venivano dagli accampamenti, e con l'altra avanzò sul nemico. Quelli di Servilio rianimati dalla presenza dei compagni, si voltano, si fermano e combattono. Circondati da ogni parte i Tirreni, non potendo avanzare per la battaglia di fronte, né fuggire verso gli accampamenti essendo attaccati alle spalle, furono così in gran parte uccisi miseramente.

Ottenuta la vittoria a costo di gravi perdite, non essendo stato l'esito della battaglia dappertutto favorevole, i consoli posero l'accampamento, e passarono la notte seguente davanti ai cadaveri.

I Tirreni che occupavano il Gianicolo, non arrivandogli nessun rinforzo da parte dei loro, decisero di abbandonarlo: e, iniziata nottetempo la marcia, si diressero a Veio, città dei Tirreni vicinissima a Roma.

I Romani, impadronitisi del campo etrusco, vi saccheggiarono quanto vi era rimasto abbandonato perché non era stato possibile trasportarlo nella fuga; e catturano molti feriti, abbandonati negli alloggiamenti.

Infine non vedendo più i nemici ripresero il forte; e rientrarono a Roma con il bottino: ma poiché riportavano anche i cadaveri dei propri caduti in battaglia, lo spettacolo fu assai triste, sia per la moltitudine dei morti, che per tanto valore perduto: così tanti, che il popolo non volle né festeggiare il buon esito della battaglia per i lutti, come avviene per sciagure tanto grandi[44].

---

[43] Sia i Romani che gli Etruschi combattevano in formazione a falange, con più file di opliti.
[44] Dionigi, *Antichità romane*, IX, 24-25.

Così, grazie a un'imprudenza dalle conseguenze fortunate per i Romani, ebbe fine la prima guerra della repubblica romana contro Veio, nella quale entrambe le parti avevano subito gravi perdite, ancora più notevoli dato il sistema oplitico adottato da entrambe le parti, in cui a cadere erano spesso i membri più ricchi e importanti della collettività.

Nel 279 a.U.c. 475 a.C. si riaccese nuovamente la guerra contro i Veienti, questa volta coalizzati coi Sabini. Il console Publio Valerio fu inviato a Veio a fronteggiare i due eserciti con le sue truppe e con reparti ausiliari forniti da Ernici e Latini. Avendo sùbito assalito l'accampamento sabino situato di fronte alle mura nemiche, vi gettò un tale scompiglio che, mentre le compagnie uscivano alla rinfusa per respingere l'attacco nemico, egli si impadronì di quella stessa porta che era stata il primo obiettivo della sua azione di forza. Quel che seguì all'interno del campo non fu una battaglia quanto un vero massacro. Il grande trambusto arrivò di lì fino alla città e gli abitanti, in preda al panico come se Veio fosse stata catturata, corsero alle armi. Parte di essi andò in soccorso ai Sabini, parte si buttò a corpo morto sui Romani che, concentrati esclusivamente su quanto avveniva all'interno del campo, ebbero un momentaneo disorientamento. Poi, dopo che essi si furono stabilizzati in una posizione di doppio contenimento, sopraggiunse la cavalleria agli ordini del console e disperse gli Etruschi costringendoli alla ritirata[45].

Dionigi d'Alicarnasso così descrive lo scontro finale tra Etruschi e Romani:

> Ecco dunque gli Etruschi resistere con sommo ardore davanti all'accampamento, e combattere ferocemente e con reciproca strage; e la battaglia per lungo tempo rimase incerta, e la sorte della guerra oscillava ora da una parte ora dall'altra. Infine gli Etruschi fuggirono, sospinti dalla cavalleria Romana, e vennero ricacciati nelle loro difese. Li inseguì il console, e, avvicinatosi alle difese né ben costruite, né erette in luogo, come ho detto, abbastanza sicuro, le assalì da più parti, combattendo tutto il resto del giorno, né cessando i combattimenti durante la notte. Gli Etruschi, demoralizzati dalle perdite, abbandonano all'alba il campo; alcuni rifugiandosi in città, altri disperdendosi nei boschi vicini. Il console, attaccato anche il secondo campo, fece riposare l'esercito per quel giorno: e nel seguente divise il ricco bottino dei due accampamenti tra le sue truppe, premiando con doni chiunque s'era più distinto nel combattere. Servilio[46], il console dell'anno precedente, quegli che era sfuggito alla vendetta popolare, che era ora legato di Valerio, era quello che si era maggiormente segnalato in combattimento, mettendo in fuga i Veienti; e per il suo valore fu premiato per primo con i doni più preziosi. Fatti quindi spogliare i cadaveri dei nemici, e seppellire quelli dei suoi, il console marciando con l'esercito giunse nelle campagne sotto Veio; e sfidò quelli [dentro le mura perché scendessero] in battaglia. Ma non presentandosi nessuno, e sapendo bene come fosse cosa ben difficile prendere d'assalto una città tanto forte, si mise a saccheggiare gran parte del loro territorio, e si gettò poi su quello dei Sabini. E saccheggiato per più giorni anche questo, che era ancora intatto, ricondusse in patria l'esercito carico di bottino[47].

---

[45] Liv. II, 52.
[46] Spurio Servilio Prisco, il vincitore del Gianicolo.
[47] Dion., *Ant.rom.*, IX, 34.

Publicola ottenne il trionfo.

L'armistizio di 400 mesi, che in luogo della pace mise un termine alla guerra, fu favorevole ai Romani, giacchè avendo gli Etruschi rinunciato al possesso di Fidene ed al territorio conquistato sulla sponda destra del Tevere, le cose si ricondussero allo stato in cui si trovavano ai tempi dei re.

Nello stesso periodo i Sanniti piombarono sugli Etruschi nella Campania, i quali, appena furono isolati dalla madre patria in seguito alla battaglia di Cuma, si trovavano già troppo deboli per resistere agli attacchi dei montanari sabellici. Capua, apitale dell'Etruria campana, cadde nel 330 - 424 nelle mani dei Sanniti e la popolazione etrusca fu, subito dopo l'espugnazione, sterminata o espulsa.

Nello stesso tempo nell'Italia settentrionale i Celti, come li chiamavano i greci, ossia i Galli iniziarono la loro penetrazione dalle Alpi, investendo gli Etruschi della pianura padana.. La tradizione romana attribuisce a Belloveso la fondazione della più antica colonia celtica nella Lombardia odierna, il paese degli Insubri colla capitale *Mediolanum* (Milano). Successivamente calò in Italia la tribù dei Cenomani, la quale avrebbe fondate le città di *Brixia* (Brescia) e di *Bergomum* (Bergamo).

D'allora in poi gli avventurieri celtici si riversarono continuamente dalle Alpi spesso come mercenari al servizio soprattutto delle città stato etrusche.

Le genti celtiche, insieme ai liguri, che da parte loro occuparono il margine settentrionale dell'Etruria in Apuania, spingendo il confine sino a Pisa, tolsero agli Etruschi una città dopo l'altra, sino a che l'intera riva sinistra del Po si trovò in mano celtica, ad eccezione di *Mantua*, destinata a restare un'*enclave* tirrenica sino alla conquista romana ed oltre. Dopo la presa della ricca città etrusca di *Melpum* (verosimilmente nelle vicinanze di Milano), per la cui espugnazione i Celti già stanziati nella valle del Po, si erano uniti con altre tribù scese d'oltralpe (358- 396); questi nuovi venuti si trasferirono sulla riva destra del fiume e cominciarono a molestare gli Umbri e gli Etruschi nelle loro antiche sedi. Queste nuove ondate di aggressori erano, particolarmente i Boi, penetrate in Italia varcando il monte Pennino (il Gran San Bernardo); essi presero dimora in Emilia, dove la capitale degli Etruschi padani *Felsina*, fu ribattezzata *Bononia* dai nuovi padroni, divenendo la loro capitale. Giovannangelo Camporeale dottolinea come a prescindere da stanziamenti precedenti, verso la fine del V secolo vari gruppi gallici occupano la pianura padana, tranne l'angolo veneto, cancellando le culture preesistenti, compresa quella etrusca. Per alcune città etrusche esiste un esplicito riferimento nelle fonti, ad esempio per *Felsina*[48] o per Spin a [49]; per altre esistono chiare testimonianze archeologiche, ad esempio per Marzabotto. Per talune città padane si conoscono tradizioni particolari, ad esempio per *Melpum*, famosa per le ricchezze, che sarebbe stata presa dai galli, insubri boi senoni, nello stesso giorno in cui era stata espugnata Veio[50]: la tradizione quasi certamente è stata elaborata in ambiente romano perché, con l'esaltazione della potenza di *Melpum*, si esalta implicitamente la potenza dei romani, che subito dopo avranno ragione dei Galli che avevano preso quella città[51]

---

[48] Serv., *Ad Aen.*, X, 1 68
[49] Dion. Hal., I, 1 8, 5
[50] Corn. Nep. *ap.* Plin., *Nat. Hist.*, III, 1 25.
[51] G. Camporeale, *Gli etruschi. Storia e civiltà*, Torino 2015, p.109.

LA BATTAGLIA DI FIDENE
E LA MORTE DI LARS TOLUMNIO, 437

Sotto l'impeto quasi contemporaneo di questi attacchi, mossi da popoli così lontani e diversi – Siracusani, Latini, Sanniti e Celti – la potenza etrusca, che con fortuna così meravigliosa e rapida s'era estesa sul Lazio, sulla Campania, oltre gli Appennini nella pianura padana e lungo le coste dei due mari d'Italia, con più rapida e irresistibile vicenda decadde rapidamente. La perdita del primato marittimo e della Campania coincidono colle vittoriose invasioni degli Insubri e dei Cenomani sul Po; e proprio intorno a questi anni i Romani, che pochi secoli prima erano stati umiliati e poco men che ridotti in servitù da Porsenna, osarono affrontare per la prima volta apertamente ed assalire gli Etruschi.

L'armistizio conchiuso con Veio nell'anno 280- 474 aveva ridonato loro ciò che essi avevano perduto e rimesso sostanzialmente lo stato delle cose come si era trovato fra le due nazioni al tempo dei re.

Spirato l'armistizio nel 309 - 445, ricominciarono le tensioni tra le due città; ma essi non erano altro che scaramucce presso i confini, per far bottino, senza un notevole risultato né per l'una né per l'altra parte. L'Etruria era ancora troppo potente perché Roma potesse pensare ad attaccarla seriamente.

La scintilla per la guerra totale fu la rivolta dei Fidenati, i quali scacciarono la guarnigione romana, assassinarono gli ambasciatori e si sottomisero al re dei Veienti, Lars Tolumnio. Livio scrive che durante la loro magistratura, la colonia romana di Fidene passò a Lars Tolumnio re dei Veienti.

Ma alla defezione si aggiunse un delitto ancora peggiore: infatti, su ordine di Tolumnio, furono uccisi gli inviati romani Gaio Fulcino, Clelio Tullo, Spurio Aurio e Lucio Roscio, venuti a chiedere il motivo di quella strana decisione. Alcuni autori cercano di attenuare la responsabilità del re, dicendo che una frase ambigua, da lui pronunciata dopo un colpo di dadi fortunato, venne interpretata dai Fidenati come l'ordine di ucciderli: questa sarebbe stata la causa della morte degli inviati. Ma sembra piuttosto improbabile che all'arrivo dei Fidenati, i suoi nuovi alleati venuti a chiedergli lumi su un assassinio destinato a infrangere il diritto delle genti, il re non abbia distolto l'attenzione dal gioco, e che in séguito non abbia attribuito il delitto a un malinteso. È più facile credere che Tolumnio volesse coinvolgere i Fidenati nella responsabilità di un crimine tanto atroce in modo che non avessero più alcuna speranza di riconciliazione con i Romani. In memoria degli inviati uccisi a Fidene lo Stato fece collocare a sue spese delle statue nei Rostri[52].

Livio dunque prospetta la possibilità che il delitto, commesso contro ogni diritto delle genti, fosse stato commissionato dal re di Veio per legare maggiormente a sé i nuovi alleati. Un risultato, certo, lo raggiunse: i Romani divennero ancora più infuriati e assetati di vendetta verso gli Etruschi. Furono eletti consoli Marco Geganio Macerino e Lucio Sergio che ricevette il soprannome di *Fidenate*.

---

[52] Livio, IV, 17. Sulle statue degli ambasciatori, fr. Cicerone, *Filippiche*, IX, II.

Questi fu così soprannominato dalla guerra che in séguito condusse, scrive Livio. Fu infatti lui il primo a combattere con successo, al di qua dell'Aniene, contro il re dei Veienti, ma si trattò di una vittoria sanguinosa, tanto che fu più grande il dolore per i cittadini caduti che la gioia per i nemici vinti e il senato, com'è normale in circostanze difficili, ordinò che Mamerco Emilio fosse nominato dittatore[53].

La situazione, pur se secondo Livio vittoriosa, non doveva essere tanto favorevole ai Romani se Mamerco Emilio Mamercino fu nominato dittatore, come accadeva solo nei momenti più gravi per lo Stato, il quale scelse come proprio *magister equitum* Lucio Quinzio Cincinnato. Il dittatore raccolse, quali legati, i più celebrati nomi di Roma. La scelta convinse gli Etruschi e i loro alleati a ritirarsi e attestarsi sotto le mura di Fidene dove furono raggiunti anche dai Falisci. La coalizione nemica, che si era ritirata dalla campagna romana fino alle colline intorno a Fidene, aspettò l'arrivo degli alleati Falisci e dei Capenati, prima di porre il proprio campo davanti alle mura di Fidene.

I romani posero il proprio accampamento vicino alla confluenza dell'Aniene con il Tevere, ponendo delle fortificazioni a protezione del campo.

Mentre i Romani erano intenzionati a provocare immediatamente la battaglia, Tolumnio, che come i Fidenati pareva più propenso a temporeggiare, si decise allo scontro, soprattutto perché preoccupato dei Falisci, desiderosi di dar subito battaglia perché lontani dalle proprie città[6].

Tolumnio schierò i Veienti sull'ala destra, i Fidenati al centro, e i Falisci e i Capenati sulla sinistra. Mamerco affidò a Tito Quinzio le operazioni contro i Fidenati, a Barbato quelle contro i Veienti, riservandosi il comando dei soldati opposti ai Falisci e Capenati. Mamerco lasciò la cavalleria sotto il comando del *magister equitum*, in modo che potesse intervenire su tutto il fronte della battaglia, ma non dimenticò di lasciare alcune guarnigioni di soldati a protezione del campo, sotto il comando di Marco Favio Vibulano, mossa che risultò decisiva per contrastare un attacco a sorpresa, portato al campo da parte della cavalleria etrusca, mentre infuriava la battaglia tra i due eserciti. Secondo Livio, alle truppe arruolate dai consoli furono aggiunti dei centurioni che erano veterani di grande esperienza militare, e furono colmati i vuoti aperti dall'ultima battaglia. Il dittatore ordinò a Tito Quinzio Capitolino e a Marco Fabio Vibulano di seguirlo in qualità di luogotenenti. Il maggiore potere e il prestigio dell'uomo che lo deteneva indussero i nemici a ritirarsi dalla campagna romana, al di là dell'Aniene; essi trasferirono il campo sulle colline tra Fidene e l'Aniene, e di lì non scesero a valle prima che arrivassero le legioni inviate in loro aiuto dai Falisci. Soltanto allora gli Etruschi si accamparono di fronte alle mura di Fidene. Anche il dittatore romano si accampò nelle immediate vicinanze, sulle rive dove i due fiumi confluiscono, in quel punto dove la modesta distanza tra i due fiumi gli permise di costruire una fortificazione tra sé e il nemico. Il giorno successivo schierò l'esercito in ordine di battaglia.

Tra i nemici c'erano punti di vista molto diversi. I Falisci volevano subito lo scontro perché avevano fiducia in se stessi e mal sopportavano di combattere lontano da casa. I Veienti e i Fidenati riponevano invece maggiori speranze in un prolungamento della guerra. Tolumnio, pur condividendo il parere dei suoi uomini, per evitare che i Falisci dovessero sobbarcarsi a operazioni destinate ad andare per le lunghe, annunciò che

---

[53] Liv. IV, 17.

avrebbe affrontato il nemico il giorno successivo. Intanto era cresciuto il coraggio nel dittatore e nei Romani perché il nemico evitava lo scontro.

Il giorno dopo, quando i soldati sdegnati già minacciavano di assalire l'accampamento e la città se non si offriva occasione per battersi, entrambi gli eserciti avanzarono nello spazio di terra compreso tra i due accampamenti. Siccome il capo dei Veienti disponeva di molti uomini, mandò delle truppe ad aggirare le alture perché, nel corso della lotta, prendessero alle spalle il campo romano. L'esercito dei tre popoli nemici era schierato in modo che i Veienti tenessero l'ala destra, i Falisci la sinistra e i Fidenati il centro.

Il dittatore mosse sulla destra contro i Falisci, Quinzio Capitolino sulla sinistra contro i Veienti. Il *magister equitum* si dispose con i suoi cavalieri all'attacco del centro. Per qualche tempo vi fu silenzio e quiete perché da una parte gli Etruschi non avevano intenzione di lanciarsi nella battaglia, se non vi erano costretti, e dall'altra il dittatore romano fissava con insistenza la cittadella, da dove gli àuguri dovevano inviare il segnale convenuto, non appena i presagi fossero stati propizi. Come vide il segnale, levato il grido di guerra, lanciò contro il nemico per primi i cavalieri, seguiti dalla schiera dei fanti che combatté con grande vigore. In nessuna parte le legioni etrusche riuscirono a reggere l'urto romano: i loro cavalieri offrivano la resistenza più tenace e il re in persona -il più forte, in assoluto, di tutti i cavalieri - prolungava la lotta avventandosi contro i Romani, mentre questi ultimi si sparpagliavano nella foga dell'inseguimento[54].

Nella battaglia il re di Veio cadde ucciso per mano di Aulo Cornelio Cosso, che ne conquistò le spoglie opime, appendendole poi nel tempio di Giove Feretrio sull'Arce capitolina. Dopo Romolo era la seconda volta che ciò avveniva: nell'intera storia romana sarebbe successo una sola volta ancora[55].

Scrive Livio che vi era allora, tra le fila dei cavalieri, il tribuno militare Aulo Cornelio Cosso; la sua straordinaria bellezza era pari al coraggio e alla forza. Orgoglioso del nome della sua stirpe, che aveva ereditato già insigne, fece in modo che diventasse per i suoi discendenti ancora più nobile e glorioso. Essendosi reso conto che Tolumnio, dovunque si buttasse all'assalto, seminava lo scompiglio tra gli squadroni romani, e avendolo riconosciuto mentre galoppava col suo abito regale su e giù per la linea di battaglia, urlò: «È lui che ha violato il patto stipulato tra gli uomini e infranto il diritto delle genti? Allora, se gli dèi vogliono che su questa terra ci sia ancora qualcosa di sacro, io lo offro come vittima sacrificale ai Mani degli ambasciatori uccisi!» E, spronato il cavallo, si buttò, lancia in resta, contro quel solo nemico. Dopo averlo colpito e disarcionato, facendo leva sulla lancia, scese anch'egli da cavallo. E mentre il re cercava di rialzarsi,

Cosso lo gettò di nuovo a terra con lo scudo e poi, colpendolo ripetutamente, lo inchiodò al suolo con la lancia. Allora, trionfante, mostrando le armi tolte al cadavere e la testa mozzata infissa sulla punta dell'asta, volse in fuga i nemici, terrorizzati dall'uccisione del re.

---

[54] *Ibid.*, IV, 18.
[55] Romolo prese le spoglie opime di Acrone, re di *Caenina*; dopo Cornelio Cosso, il terzo ed ultimo a strapparle a un capo nemico fu Marco Claudio Marcello che uccise il re degli Insubri Viridomaro a *Clastidium* nel 532 a.U.c.- 222 a.C.

Così anche la cavalleria, che da sola aveva reso incerte le sorti dello scontro, fu disfatta. Il dittatore si buttò all'inseguimento delle legioni in fuga e, dopo averle spinte verso l'accampamento, le massacrò.

La maggior parte dei Fidenati, conoscendo i luoghi, riuscì a fuggire sulle montagne. Cosso attraversò il Tevere con la cavalleria, riportando a Roma un ingente bottino razziato nel territorio di Veio. Mentre la battaglia era in pieno svolgimento, si combatté anche nei pressi dell'accampamento romano, dove ci fu lo scontro con le truppe inviate, come già detto, da Tolumnio proprio in quella direzione. Fabio Vibulano in un primo tempo difese la trincea disponendo gli uomini a semicerchio. Poi, mentre i nemici erano concentrati sul vallo, fece una sortita dalla porta principale sulla destra con i triarii e assalì gli avversari all'improvviso. Il panico che s'impossessò di loro provocò una strage minore che nella battaglia vera e propria perché erano in pochi, ma la fuga non fu meno precipitosa[56].

Come scritto da Livio, Cornelio avrebbe compiuto la sua impresa come *tribunus militum consulari potestate*[57] nell'esercito di Mamerco Emilio nel 317- 437, e secondo altre come *magister equitum* con Emilio dittatore per la terza volta, Augusto, quando fece restaurare il tempio di Giove Feretrio, poté leggere sulla corazza di lino di Tolumnio l'iscrizione dedicatoria nella quale Cosso si definiva *consul*[58].

Infatti l'unico a poter ottenere le spoglie opime era il comandante dell'esercito, fosse console o dittatore, e non un semplice tribuno: Cornelio deve aver riportato le spoglie come console nel 428, anno quindi della morte di Tolumnio, ciò che porta a dover rivedere tutta la cronologia della guerra

Ne era convinto lo stesso Livio:

> Seguendo tutti gli scrittori che mi hanno preceduto, ho narrato come Aulo Cornelio Cosso abbia portato le seconde spoglie opime nel tempio di Giove Feretrio avendo il grado di tribuno militare. Ma, al di là del fatto che opime sono per tradizione soltanto le spoglie strappate da un comandante a un altro comandante e che il solo che noi riconosciamo come comandante è quello sotto i cui auspici viene condotta una guerra[ossia il console, ndA], l'iscrizione stessa posta su quelle spoglie confuta la tesi degli altri e la mia, dimostrando che Cosso quando le strappò era console. Ma quando ho sentito Cesare Augusto, fondatore e restauratore di tutti i nostri templi, raccontare di essere entrato nel santuario di Giove Feretrio - da lui fatto ricostruire perché in rovina ormai con l'andar del tempo - e di aver letto questa iscrizione sulla corazza di lino, ho ritenuto quasi un sacrilegio privare Cosso della testimonianza che delle sue spoglie dà Cesare, cioè proprio colui che fece restaurare il tempio[59]..

Anche i *Fasti Triumphales* ripostano:

---

[56] Liv. IV, 19.
[57] In questo periodo si eleggevano alternativamente due consoli o sei tribuni con potestà consolare, non essendo stato ancora chiarito in che modo i plebei dovessero accedere alle cariche più elevate.
[58] Liv., IV, 20.
[59] Liv., IV, 19,1 seg.

A. Cornelius Cossus Cos. de Veientibus. Isque spolia opima rettulit duce hostium Larte Tolumnio Rege ad Fidenas occiso. Ann. CCCXXV[60]

Che questi avvenimenti avessero una base reale, oltre che dal *linothorax* di Tulumnio ancora visibile al tempo di Augusto, lo conferma anche la testimonianza di Cicerone, che nella nona *Filippica* scrive di aver visto personalmente le statue degli ambasciatori assassinati a Fidene:

> Lars Tolumnio, re dei Veienti, uccise a Fidene quattro ambasciatori del popolo romano, le cui statue, fino da che ne ho memoria, stanno sui Rostri. Giusto onore, i nostri avi, a chi moriva per lo stato, in cambio di una breve vita restituirono una diuturna memoria[61].

Un'ulteriore conferma della veridicità di fondo dei fatti narrati è costituita dall'attestazione epigrafica dell'esistenza della *gens* patrizia dei *Tolumnes* (lat. *Tolumnii*) in iscrizioni votive etrusche e latine rinvenute a Veio, datate in un arco temporale che va dal VI al III secolo a.C.; la *gens Tolumnia* appare come la principale famiglia della città[62].

Dopo la morte del re, gli Etruschi si asserragliarono dentro le mura di Fidene, ma la città fu attaccata dai Romani con una guerra di mina. Con falsi attacchi da quattro diverse direzioni in quattro momenti diversi i Romani coprirono il rumore degli scavi e arrivarono alla rocca. Fidene fu espugnata, e nel 329- 425 venne firmato un altro armistizio della durata di duecento mesi. Per la grande vittoria ottenuta Mamerco Emilio Mamercino ricevette il trionfo[63].

---

[60] *A. Cornelio Cosso, console, [ha riportato il trionfo] sui Veienti. Tornò con le spoglie opime del duce dei nemici Lars Tolumnio, ucciso a Fidene* (J. G. Baiter, *Fasti consulares triumphalesque Romanorum ad fidem optimorum auctorum, recognovit et indice adiecit Io. Georgius Baiterus*, Erfurt 1837, p. CL).

[61] Cic. *Fil.*, IX, II,

[62] La conferma storica dell'esistenza della famiglia dei *Tolumnii* risale al 1930, con la scoperta di una ceramica votiva dedicata da Velthur Tolumne (VI sec.): B. Nogara, *Not. d. Scavi* (1930), pp. 327 segg.

[63] Liv., IV, 19-20. i *Fasti Triumphales* riportano: *An. CCCXXVII Mam. Aimilius M. f. Mamercinus II. Dict. III. de Veientibus Fidenatibusque*, il secondo dopo quello di due anni prima sempre su Veienti e Fidenati (Baiter, *Fasti*, loc. cit.).

LA DISTRUZIONE DI FIDENE, 426

La caduta di Fidene mise in allarme gli Etruschi nei confronti della crescente potenza romana, e per la prima volta vennero inviati messaggeri alle dodici città per indire un convegno nel Fano di Voltumna, il santuario federale che sorgeva ai piedi della rocca di *Volsinii Veteres* (Orvieto, l'etrusca *Velzna*[64]).

Anche i Romani si prepararono alla guerra eleggendo ancora una volta dittatore Mamerco Emilio, se non si tratta di una ripetizione di Livio, ma il conflitto alla fine non scoppiò, dopo che alcuni mercanti portarono la notizia che i Veienti non avevano ricevuto la solidarietà degli altri Etruschi, in quanto avevano iniziato le ostilità contro Roma di propria iniziativa.

Mamerco Emilio da parte sua approfittò della dittatura per diminuire la durata della carica dei censori, quindi si dimise da dittatore e fu quindi accusato di aver limitato la magistratura altrui. Condannato, fu espulso dalla tribù, iscritto fra gli *erarii* si vide aumentate le tasse di otto volte. Nel Basso Lazio nel frattempo proseguirono gli scontri dei Romani con i Volsci ed Equi, il che permise ai Veienti di recuperare le forze, tanto che, ancora prima di veder scadere i tempi della tregua concessa dopo la presa di Fidene, Veio aveva ricominciato con le scorrerie in territorio romano.

Due anni dopo la morte di Tolumnio, nel 319- 435 se ci si basa su Livio, nel 328- 426 basandosi sul consolato di Cornelio Cosso, approfittando di una pestilenza e senza l'aiuto dei Falisci, Veienti e Fidenati avanzarono nell'*agger Romanus* ed arrivarono quasi fino a Porta Collina per poi essere venir sconfitti dalle milizie guidate dal dittatore Quinto Servilio Strutto (o Prisco). Il dittatore ordinò a tutti di trovarsi fuori dalla porta Collina alle prime luci del giorno. Quelli che avevano forze sufficienti per portare armi si misero tutti a disposizione, scrive Livio. Le insegne vennero prese dall'erario e consegnate al dittatore. Mentre si svolgevano tali preparativi, i nemici si ritirarono su posizioni più elevate. Il dittatore puntò contro di loro con le truppe pronte a dare battaglia e non lontano da *Nomentum* (Mentana) si scontrò con le legioni etrusche[65] mettendole in fuga. Di lì le costrinse a riparare nella città di Fidene che circondò con un vallo. Ma la città, alta e ben fortificata, non poteva essere presa nemmeno con l'uso di scale, e l'assedio non serviva a nulla perché il frumento precedentemente raccolto non solo bastava alle necessità interne, ma avanzava. Perduta così ogni speranza sia di espugnare la città, sia di costringerla alla resa, il dittatore- che conosceva benissimo quella zona per la sua vicinanza a Roma - ordinò di scavare una galleria verso la cittadella, partendo dalla parte opposta della città, che risultava essere la meno vigilata essendo già ben protetta dalla sua stessa configurazione naturale. Poi, avanzando contro

---

[64] Il *Fanum Voltumnae* è stato definitivamente individuato nel sito del Campo della Fiera, A. Frascarelli, "Un donario monumentale a Campo della Fiera", *Annali Fondazione Faina* XIX, 2012, pp. 131-160; M. Cruciani,"Campo della Fiera di Orvieto: la Via Sacra", *Annali Fondazione Faina* XIX, 2012, pp. 161-182; D. Leone, S. Simonetti, "Campo della Fiera: dal santuario etrusco all'insediamento tardoantico", in A. Bravi (cur.), *Aurea Umbria. Una regione dell'Impero nell'era di Costantino*, Catalogo della Mostra (Spello, Palazzo Comunale, 29 luglio 2012 – 6 gennaio 2013), Viterbo 2012, pp. 277-278.

[65] Così Livio, IV,22.

la città da punti diversissimi, dopo aver diviso in quattro gruppi le forze a disposizione - in maniera tale che ciascuno di essi potesse avvicendare l'altro durante la battaglia -, combattendo ininterrottamente giorno e notte il dittatore riuscì a distrarre l'attenzione dei nemici dallo scavo. Finché, scavato tutto il monte, fu aperto un passaggio dal campo alla cittadella. E mentre gli Etruschi continuavano a concentrarsi su vane inacce, senza rendersi conto del vero pericolo, l'urlo dei nemici sopra le loro teste fece loro capire che la città era stata presa[66].

Scrive Livio che a Roma dai tribuni della plebe fu agitata la questione relativa alla nomina di tribuni militari con potere consolare, ma senza alcun successo.

Furono eletti consoli Lucio Papirio Crasso e Lucio Giulio. Gli ambasciatori inviati dai Volsci al senato per chiedere un trattato d'alleanza, ricevendo in luogo del trattato una proposta di resa, chiesero e ottennero una tregua di otto anni.

Oltre alla disfatta patita sull'Algido, i Volsci erano in quel momento invischiati in uno scontro senza fine tra i fautori della pace e i fautori della guerra, che provocò disordini e sedizioni: per i Romani ciò significò pace da ogni parte. I consoli, venuti a sapere, grazie alla denuncia di uno dei membri del collegio dei tribuni, che questi stavano per presentare una legge, molto gradita al popolo, sulla determinazione in denaro delle ammende, si affrettarono a proporla per primi. I consoli successivi furono Lucio Sergio Fidenate, per la seconda volta, e Ostio Lucrezio Tricipitino. Durante il loro consolato nulla accadde che sia degno di menzione. I successori furono Aulo Cornelio Cosso e Tito Quinzio Peno, al secondo mandato. I Veienti fecero delle incursioni in territorio romano. Corse voce che a quelle scorrerie avessero preso parte alcuni giovani di Fidene, e l'indagine sul fatto venne affidata a Lucio Sergio, a Quinto Servilio e a Mamerco Emilio. Alcuni Fidenati furono confinati a Ostia perché non era sufficientemente chiaro per qual motivo fossero assenti da Fidene proprio in quei giorni.

Fu aumentato il numero dei coloni ai quali venne assegnata la terra dei caduti in guerra. Quell'anno la siccità creò molti disagi e non soltanto vennero a mancare le piogge, ma anche la terra, privata della sua naturale umidità, riuscì a malapena ad alimentare i fiumi perenni. In alcuni luoghi la mancanza di acqua decimò, intorno alle fonti e ai torrenti inariditi, il bestiame che moriva di sete. Altri animali furono uccisi dalla scabbia, poi le malattie contagiarono gli uomini: prima colpirono la gente di campagna e gli schiavi, poi la città ne fu piena.

Non soltanto i corpi furono infettati, ma anche le menti suggestionate da riti magici di ogni genere di provenienza per lo più straniera, perché coloro che speculano sugli animi vittime della superstizione, con i loro vaticini riuscivano a introdurre nelle case strane cerimonie sacrificali; finché dello scandalo ormai pubblico non si resero conto le personalità più autorevoli della città, quando videro che in tutti i quartieri e in tutti i tempietti venivano offerti dei sacrifici espiatori, forestieri e insoliti, per implorare la benevolenza degli dei. Perciò diedero disposizione agli edili di controllare che non si venerassero divinità al di fuori di quelle romane e che i riti fossero soltanto quelli tramandati dai padri. La vendetta contro i Veienti fu rimandata all'anno successivo, in cui furono consoli Gaio Servilio Ahala e Lucio Papirio Mugillano.

Ma anche allora lo scrupolo religioso impedì che si dichiarasse subito guerra e che si inviassero truppe. Si decise di mandare prima i feziali a chiedere soddisfazione.

---

[66] *Ibid.*, IV, 22.

Coi Veienti ci si era scontrati poco tempo prima a *Nomentum* e Fidene, e a quell'episodio aveva fatto seguito non la pace ma una tregua; il termine era ormai scaduto e, prima del termine, quelli avevano ripreso le ostilità.

Ciononostante vennero inviati i feziali, ma quando questi, dopo aver giurato secondo il rito dei padri, chiesero soddisfazione, le loro parole non vennero nemmeno ascoltate. Si discusse allora se la guerra andava dichiarata su decisione del popolo o se bastava un decreto del senato. I tribuni, minacciando di impedire la leva, riuscirono a ottenere che il console Quinzio portasse di fronte al popolo la questione della guerra. Votarono tutte le centurie. La plebe ebbe la meglio anche su di un altro punto: ottenne che non si eleggessero consoli per l'anno successivo. Vennero così nominati quattro tribuni militari con potere consolare: Tito Quinzio Peno, già console, Gaio Furio, Marco Postumio e Aulo Cornelio Cosso.

Di loro Cosso ebbe il governo della città, mentre gli altri tre, portata a compimento la leva militare, partirono alla volta di Veio e dimostrarono quanto in guerra sia dannoso dividere il comando tra più persone. Ciascuno prediligeva il proprio piano e siccome ognuno vedeva le cose in maniera diversa dagli altri, finirono con l'offrire al nemico l'occasione di un colpo di mano. Infatti, mentre le truppe erano disorientate perché c'era chi ordinava di dare la carica e chi la ritirata, i Veienti li assalirono sfruttando il momento propizio. Fuggendo disordinatamente i Romani ripararono nel vicino accampamento: si patì il disonore più che la sconfitta. La città, non abituata alle sconfitte, piombò nella costernazione; si odiavano i tribuni, si chiedeva un dittatore nel quale riporre le speranze di tutto il paese. Poiché anche in quella circostanza era di ostacolo lo scrupolo religioso, non potendo il dittatore essere nominato se non dal console, si consultarono gli auguri che tolsero quello scrupolo. Aulo Cornelio nominò dittatore Mamerco Emilio che a sua volta lo scelse come *magister equitum*. Così, quando il paese ebbe veramente bisogno di un uomo di qualità superiori, la punizione a suo tempo inflitta dai censori non impedì che il timone dello Stato fosse affidato a una famiglia ingiustamente bollata di infamia. Trascinati dal successo, i Veienti mandarono messaggeri ai popoli dell'Etruria ad annunciare pomposamente la loro vittoria su tre comandanti romani in una sola battaglia. Pur non essendo riusciti a ottenere alcuna alleanza ufficiale dalla confederazione, tuttavia attirarono da ogni parte volontari mossi dalla speranza del bottino.

Soltanto i Fidenati- scrive Livio- decisero di riaprire le ostilità e, pensando che non fosse lecito iniziare una guerra se non con un delitto, come già prima con gli ambasciatori, così ora macchiarono le loro spade col sangue dei nuovi coloni. Quindi si unirono ai Veienti. E poco dopo i capi dei due popoli si consultarono per scegliere, tra Veio e Fidene, come teatro di operazioni. Parve più opportuna Fidene, e i Veienti, attraversato il Tevere, trasferirono a Fidene il loro apparato bellico. A Roma regnava la paura. Richiamato da Veio l'esercito demoralizzato per la sconfitta, si pose l'accampamento di fronte alla porta Collina, si distribuirono uomini armati sulle mura, si sospese l'attività giudiziaria nel foro e si chiusero le botteghe: cose queste che dettero a Roma l'aspetto di un campo militare più che di una città. E il dittatore, mandati i banditori in giro per i quartieri, convocò in assemblea i cittadini smarriti e li rimproverò di essersi persi d'animo per un così lieve mutamento della sorte; per aver subito un piccolo scacco, oltretutto non dovuto al valore dei nemici o all'ignavia dell'esercito romano, ma alla mancanza di intesa tra i generali, avevano timore dei Veienti, da loro in passato già sconfitti ben sei volte, e di Fidene, città più spesso espugnata che assediata. Sia i Romani che i nemici erano gli stessi da molte generazioni: stesso carattere, stessa forza fisica, stesse armi. E anche lui era lo stesso dittatore Mamerco Emilio che, poco tempo prima, aveva sbaragliato a Nomento gli eserciti di Veienti e Fidenati, ai quali si erano uniti i Falisci; come *magister equitum* in campo di battaglia ci sarebbe stato quello stesso Aulo Cornelio che nella guerra precedente, come tribuno militare, aveva ucciso davanti a due eserciti il re dei Veienti Lars Tolumnio, e ne aveva portato poi le spoglie opime nel tempio di Giove Feretrio. Prendessero quindi le armi, ricordandosi che dalla parte loro c'erano i trionfi, le spoglie e la vittoria, mentre da quella del nemico l'orrendo assassinio degli ambasciatori uccisi contro il diritto delle genti, il massacro in tempo di pace dei coloni di Fidene, la rottura della tregua e la settima ribellione destinata a non avere successo.

Non appena i due eserciti si fossero trovati a contatto, quegli infami nemici non si sarebbero rallegrati a lungo, ne era sicuro, dell'umiliazione inflitta all'esercito romano e il popolo romano avrebbe capito quanto più meritevoli verso la repubblica fossero quelli che lo avevano nominato dittatore per la terza volta di coloro che avevano bollato di infamia la sua seconda nomina, perché aveva tolto potere ai censori. Quindi parte, dopo aver pronunciato solenni voti agli dei, e si accampa a un miglio e mezzo da Fidene, protetto dalle alture a destra e dal fiume Tevere a sinistra. Al suo luogotenente Quinzio Peno ordina di occupare i monti e di prendere posizione su di un colle situato alle spalle dei nemici e fuori dalla loro vista.

Il mattino dopo, quando gli Etruschi avanzarono in ordine di battaglia, resi euforici dal successo del giorno precedente, dovuto più alla fortuna che al valore, il dittatore temporeggiò fino a quando le vedette gli riferirono che Quinzio aveva raggiunto la sommità del colle vicino alla cittadella di Fidene. Allora diede ordine di muoversi, guidando lui stesso a passo di carica la fanteria in assetto di guerra contro il nemico. Al *magister equitum* diede disposizione di combattere solo al suo comando: quando avesse avuto bisogno dell'intervento della cavalleria avrebbe dato un segnale; allora si Aulo Cornelio avrebbe dovuto dimostrare sul campo di non aver dimenticato la vittoria sul re etrusco, il dono opimo, Romolo e Giove Feretrio!

Lo scontro tra le due armate fu tremendo. Infiammati dall'odio, i Romani chiamano traditori i Fidenati e predoni i Veienti; dicono che sono violatori di tregue, macchiati del barbaro assassinio degli ambasciatori e con le mani ancora sporche del sangue dei loro stessi coloni, alleati infidi e nemici imbelli. Così, con i fatti e con le parole, saziano il loro odio.

Avevano fatto vacillare la resistenza dei nemici già al primo urto, quando all'improvviso si spalancarono le porte di Fidene e dalla città fuoriuscì uno strano esercito, inaudito e inusitato fino a quel momento; un'immensa moltitudine armata di fuochi, tutta sfavillante di torce ardenti che, lanciata in una corsa folle, si riversò sul nemico. Per un momento quell'insolito modo di combattere sbigottì i Romani. Allora il dittatore chiamò a sé il *magister equitum* con i suoi uomini e Quinzio dalle alture.

Quindi, ravvivando egli stesso la battaglia, si precipitò all'ala sinistra che, come se si fosse trovata nel mezzo di un incendio più che in un combattimento, aveva cominciato a ripiegare terrorizzata dalle fiamme, e gridò:

> Vinti dal fumo come uno sciame di api, cacciati dalla vostra posizione, cederete a un nemico senz'armi? Non volete spegnere il fuoco con la spada? Se c'è da combattere col fuoco e non con le armi, perché non andate a strappare tutte quelle torce e non attaccate il nemico con le sue stesse armi? Avanti! Memori del nome di Roma e del coraggio dei vostri padri e vostro: deviate quest'incendio sulla città nemica e distruggete con le sue stesse fiamme Fidene, che con i vostri benefici non siete riusciti a placare! Vi spingono a farlo il sangue dei vostri ambasciatori e dei coloni e la vostra terra messa a ferro e fuoco![67]

Prosegue Tito Livio, passando a descrivere la battaglia utilizzando il presente: tutto l'esercito si mise in moto agli ordini del dittatore. Raccolsero le torce che erano state lanciate, altre le strapparono con la forza ai nemici, così ora entrambi gli eserciti erano armati di fuoco. Il *magister equitum* da parte sua escogita un nuovo tipo di battaglia equestre.

Ordina di togliere il morso ai cavalli, e per primo, dato di sprone, a briglia sciolta si getta in mezzo alle fiamme; e gli altri cavalli, spronati a correre senza più alcun impedimento, trascinano i cavalieri contro il nemico. La polvere che si alza, mista al fumo delle torce, offusca la vista a uomini e cavalli. Ma lo spettacolo inatteso che poco prima aveva atterrito i soldati non atterrì i cavalli, così i cavalieri seminarono morte e devastazione dovunque passavano. Si udì un nuovo clamore di guerra che attirò l'attenzione di entrambi gli eserciti.

E il dittatore gridò allora che il luogotenente Quinzio aveva attaccato il nemico alle spalle. Poi, lui stesso, ripetuto l'urlo di guerra, si butta all'assalto con più accanimento. Due eserciti, con due diversi modi di combattere, incalzavano e circondavano, di fronte e alle spalle, gli Etruschi, che non avevano alcuna possibilità di ritirarsi nell'accampamento o sulle alture, dove era spuntato a frapporsi un nuovo contingente nemico.

Molti Veienti finirono per annegare nel Tevere, mentre i Fidenati si ritirarono asserragliandosi nella loro città che però fu nuovamente espugnata e questa volta distrutta; la popolazione fu venduta schiava. Torniamo alla descrizione liviana degli avvenimenti:

> Mentre i cavalli, non più trattenuti dal morso, avevano trascinato da ogni parte i cavalieri, la maggior parte dei Veienti disordinatamente si dirige verso il Tevere, e i Fidenati superstiti cercano di raggiungere la città di Fidene. La fuga porta quegli uomini terrorizzati incontro alla morte: alcuni cadono trucidati sulle rive del fiume, altri, costretti a buttarsi in acqua, vengono travolti dalla corrente. Anche gli esperti nuotatori sono sopraffatti dallo sfinimento, dalle ferite e dalla paura. Fra tanti solo pochi riescono a raggiungere a nuoto la riva opposta. L'altra parte dell'esercito ripara in città passando attraverso l'accampamento. Trascinati dall'impeto, anche i Romani si buttano in quella direzione, specialmente Quinzio e i soldati che, appena scesi con lui dalle alture, sono più freschi e pronti alle fatiche, perché giunti alla fine dello scontro. Entrati in città mescolati ai nemici, gli uomini di Quinzio salgono sulle mura da dove danno ai compagni il segnale che la città è stata presa. Appena il dittatore lo vide - era anche lui

---

[67] *Ibid.*, IV, 33.

già penetrato nell'accampamento deserto dei nemici -, conduce verso la porta i soldati impazienti di precipitarsi sul bottino, facendo loro balenare la speranza di ottenerne molto di più in città. E, accolto all'interno delle mura, marcia senza indugi in direzione della cittadella, dove vedeva riversarsi la massa scomposta dei fuggitivi. In città il massacro non fu certo minore che in battaglia; infine i nemici, gettate le armi, si consegnano al dittatore, chiedendo soltanto di aver salva la vita. Città e accampamento vengono messi a sacco.

Il giorno dopo, tra cavalieri e centurioni venne sorteggiato un prigioniero a testa. Due ne toccarono a quanti avevano dato prova di grandissimo valore. Il resto dei nemici venne venduto all'asta e il dittatore ricondusse in trionfo a Roma l'esercito vincitore e coperto di prede. Dopo aver ordinato al *magister equitum* di dimettersi dalla carica, abdicò anche lui, restituendo dopo quindici giorni in pace, quel potere che aveva accettato in guerra, quando la situazione era critica. Alcuni nei loro annali hanno riportato che presso Fidene ci fu anche una battaglia navale coi Veienti. La cosa è però assai improbabile perché neppure oggi il fiume è sufficientemente largo, e allora - come ci informano gli antichi - era assai più stretto. A meno che, come spesso succede, lo scontro fortuito di alcune navi che cercavano di impedire il guado del fiume, non sia stato esagerato per attribuirsi il vanto, ingiustificato, di una vittoria navale[68].

---

[68] Il resconto della campagna conclusasi con la distruzione di Fidene è tratto da Livio, IV, 31-34.

DIECI ANNI DI ASSEDIO, 406- 399

Il culmine delle guerre tra Roma e Veio venne raggiunto con l'assedio decennale- come quello di Troia, ciò che appare quantomeno sospetto- della città etrusca da parte di colui che si guadagnò il titolo di secondo fondatore di Roma: Marco Furio Camillo.
Nel 407., secondo Livio, nel 406 a.c., secondo Diodoro, ebbe inizio l'ultima lotta di Roma contro Veio, e l'anno dopo iniziò il decennale assedio della città etrusca. Da parte loro i Veienti non riuscirono a trovare alleati nelle altre città etrusche. Veio eraimprendibile ma nel 403 i romani iniziarono a costruire fortini per controllare il territorio veiente, e terrapieni e macchine d'assedio (vinea, torri e testuggini) per stringere l'assedio alla città.
Il racconto delle battaglie contro i Veienti, i Capenati e i Falisci, e dell'assedio di Veio, che durò, secondo la tradizione, dieci anni come quello di Troia, non merita, come si è detto, piena fiducia. La tradizione e la poesia si sono impadronite di questi avvenimenti e ben a ragione, perché in questa guerra si combatté con una pertinacia insolita e per un premio fino allora sconosciuto.
Fu questa la prima volta che un esercito romano rimase in campo di continuo, estate e inverno, e che rimase sotto le insegne senza essere congedato per i lavori dei campi finché non fu raggiunto lo scopo prefisso; la prima volta che la *res publica* pagò coll'erario pubblico gli stipendi dei soldati. Ma fu questa anche la prima volta che i Romani si proposero di assoggettare una gente non latina, e che osarono piantare le tende oltre i confini del *Latium Vetus*.
Nonostante la decisa opposizione dei Tribuni della plebe, infatti, si giunse alla straordinaria decisione di mantenere l'esercito in armi ad assediare Veio finché questa non sarebbe caduta; ai soldati in armi Roma avrebbe garantito il soldo grazie ad una nuova imposizione straordinaria. Veio dal canto suo trovò l'appoggio dei Capenati e dei Falisci, nel 402 e nel 399, appoggio che inizialmente non riuscì ad allentare la pressione dell'assedio romano.
La lotta fu violenta, ma l'esito non poteva essere dubbio. I Romani trovarono alleati nei Latini e negli Ernici, non meno desiderosi dei Romani di vedere umiliati quei minacciosi vicini.
L'invasione celtica, che in questi anni stessi investiva l'Etruria settentrionale, basterebbe già a spiegare l'abbandono di Veio; ma soprattutto l'opposizione dei governi oligarchici delle città etrusche contro la monarchia ristabilita a Veio, fossero la principale ragione della negligenza della lega etrusca nella guerra contro Roma.
Livio, come si è visto, riferendosi agli eventi del 437 a.C., chiama *rex* Lars Tolumnio, il più alto magistrato della città.
Lo stesso Livio, parlando di un incontro dei dodici popoli d'Etruria del 403 a.C. durante la guerra tra Veio e Roma, dice che i Veienti avevano preferito nominare un re come loro capo supremo per evitare frequenti lotte intestine in occasione delle elezioni annuali, secondo la prassi dell' istituzione repubblicana. Ancora Livio, descrivendo l'ultimo attacco di Furio Camillo a Veio prima della presa della città nel 396, precisa che il re di questa fu colto di sorpresa mentre era impegnato in sacrifici agli dei: potrebbe darsi che fosse un *rex sacrorum*, ma con ogni verosimiglianza doveva avere potere politico perché l'istituto monarchico a Veio era in pieno vigore pochissimi anni prima,

nel 403, come è stato detto. Da ciò si può arguire come nel resto d'Etruria invece l'istituzione *monarchica* tra gli ultimi decenni del VI e il V secolo a.C. si fosse trasformata in tirannide: la situazione sarebbe analoga a quella che contemporaneamente si riscontra ad Atene con Pisistrato, a Roma con Servio Tullio e Tarquinio il Superbo, nella Magna Grecia e in Sicilia.

Le due forme di governo, monarchica e repubblicana, potevano coesistere contemporaneamente, magari in città diverse, come si desume da un passo di Servio (*Ad Aen.*, II, 649) in cui il *princeps civitatis* e il *rex* vengono messi sullo stesso piano di capo: questo potrebbe essere il *primus inter pares* in un collegio di *principes Etruriae* o *Etruscorum*, di origine patrizia, i quali avevano il diritto-dovere di rappresentare la propria città alle riunioni dei *populi Etruriae* al santuario di Voltumna a *Velzna- Volsinii Veteres* e di far parte di un senato cittadino. Se si accoglie l'equivalenza, più volte proposta, dei *principes Etruriae* della tradizione storiografica con i *praetores Etruriae* della tradizione epigrafica di età imperiale, si ha un altro indizio del carattere cittadino e collegiale della carica: difatti questa può essere accompagnata da una determinazione locale, come *Pisis* o *Tarquinis*, o essere indicata con l'espressione *ex praetoribus XV pop(ulorum)*. Nelle epigrafi etrusche, comprese tra il V e il II secolo a.C., il più alto magistrato cittadino è denominato *zilath* (l'appellativo della carica è *zilach*), che dovrebbe corrispondere al princeps civitatis. Egli è magistrato eponimo ed è rieleggibile. Spesso il titolo è accompagnato da appositivi (che possono indicare caso per caso un rango elevato e/o specifico nel collegio degli zilath o in altre organizzazioni di carattere politico-aministrativo. Le interpretazioni volta a volta suggerite di *zilath* dei plebei, dei liberti, dei clienti e simili sono solo ipotesi[69].

Va subito messo in chiaro come il conflitto tra Roma e Veio non fu una lotta tra Romani ed Etruschi: a Roma erano apertamente favorevoli le città stato di *Kaysra- Caere* la ricca capitale meridionale confinante con il territorio veiente di cui era concorrente, e di *Clesvin-Clusium*, Chiusi.

Tornando alla guerra contro Veio, per l'occasione Romani aumentarono il numero dei tribuni militari con potere consolare a otto, cosa mai accaduta

Dopo essersi assicurati la pace sugli altri fronti, Romani e Veienti erano pronti allo scontro con un accanimento e un odio reciproco tali che era chiaro sarebbe stata la fine per chi ne fosse uscito sconfitto. I due popoli tennero i comizi in maniera del tutto diversa. I Romani aumentarono il numero dei tribuni militari con potere consolare. Ne vennero eletti otto, cosa che non aveva precedenti in passato: Manio Emilio Mamerco, Lucio Valerio Potito, rispettivamente per la seconda e la terza volta, Appio Claudio Crasso, Marco Quintilio Varo, Lucio Giulio Iulo, Marco Postumio, Marco Furio Camillo e Marco Postumio Albino. I Veienti, invece, nauseati com'erano dal ripetersi anno per anno delle beghe elettorali che nel frattempo erano state causa di discordie interne, nominarono un re. Questo provvedimento indispettì le popolazioni etrusche, meno per risentimento verso la monarchia che non per antipatia nei confronti della persona scelta come sovrano eletto.

Anche se i Romani venivano informati che in Etruria la situazione era tranquilla, ciò nonostante - visto che a quanto si riferiva la cosa era il tema centrale di tutte le assemblee - costruivano delle fortificazioni tali da garantire una protezione sui due lati:

---

[69] Camporeale, cit., pp. 180- 181.

da una parte verso la città e contro eventuali sortite degli assediati, dall'altro in direzione dell'Etruria per tagliare la strada ai rinforzi, nel caso ne fossero arrivati da quella parte. Siccome i comandanti romani riponevano maggiori speranze di successo nell'assedio piuttosto che nell'assalto, venne iniziata la costruzione addirittura di accampamenti invernali (cosa del tutto ignota ai soldati romani), e si decise di continuare la guerra rimanendo nei quartieri invernali[70].

Ma mentre Appio Claudio convinceva il senato sulla scelta di mantenere per così tanto tempo soldati attorno alle mura di Veio, all'improvviso un disastro subito dall'esercito nei pressi di Veio (cioè da quella zona dove meno lo si sarebbe previsto) fece prevalere la causa di Appio, consolidando la concordia tra le classi e rinfocolando l'ardore degli animi nel proposito di proseguire l'assedio di Veio con maggiore tenacia.

Il terrapieno costruito dai Romani era ormai vicinissimo alla città e ormai restava soltanto da accostare le *vinee* alle mura. Ma siccome l'impegno profuso nei lavori era superiore a quello dedicato alla vigilanza notturna, all'improvviso si spalancò una porta della città e ne fuoriuscì una massa enorme di nemici armati soprattutto di torce accese, e nello spazio di un'ora un incendio divorò contemporaneamente il terrapieno e le vigne, costruite a prezzo di lunghi e spossanti sforzi.

E là molti soldati che cercavano inutilmente di portare aiuto vennero uccisi dal fuoco o dalle spade nemiche, scrive Livio. Cambiarono i tribuni militari con potestà consolare nell'anno successivo, e furono Gaio Servilio Aala (per la terza volta), Quinto Servilio, Lucio Verginio, Quinto Sulpicio, Aulo Manlio e Manio Sergio (entrambi per la seconda volta). Durante il loro mandato, a Veio, che costituiva in quel momento il centro delle preoccupazioni pubbliche, le cose non andarono meglio. Infatti i comandanti romani dimostravano di avere più risentimento reciproco che coraggio contro i nemici, e le proporzioni del conflitto vennero modificate dall'intervento improvviso dei Capenati e dei Falisci. Questi due popoli dell'Etruria, essendo i più vicini della zona, e credendo che una volta caduta Veio sarebbero stati i più esposti alla minaccia di un'aggressione armata da parte di Roma (e in particolar modo i Falisci, si sentivano in pericolo per aver partecipato alla guerra dei Fidenati), dopo essersi scambiati ambascerie e aver cementato col giuramento il vincolo che li legava, si presentarono all'improvviso a Veio con gli eserciti. Per caso assalirono l'accampamento nella zona comandata dal tribuno militare Manio Sergio e vi seminarono il terrore, facendo credere ai Romani che l'intera Etruria, trascinata dalle sue sedi, fosse scesa in campo con gran spiegamento di forze. La stessa idea infiammò i Veienti chiusi in città. Così l'accampamento romano era attaccato su due fronti: e pur trasferendo con corse disperate le varie unità da una parte e dall'altra, non riuscivano né a contenere in maniera sufficiente i Veienti nell'interno delle loro fortificazioni, né a respingere l'assalto portato alle proprie difese e a resistere al nemico esterno.

La sola speranza era che arrivassero rinforzi dall'accampamento centrale, in modo tale che le legioni, schierate su fronti diversi, potessero le une combattere contro Capenati e Falisci e le altre arginare la sortita degli assediati. Ma a capo dell'accampamento c'era Verginio che per ragioni personali detestava e odiava Sergio. Verginio, nonostante fosse arrivata la notizia che buona parte dei fortini era stata assalita, che i dispositivi di difesa erano stati scavalcati e che i nemici si stavano riversando nell'accampamento da una

---

[70] Liv., V, 2.

parte e dall'altra, trattenne gli uomini con le armi in pugno, sostenendo che se il collega avesse avuto bisogno di aiuto gliene avrebbe fatto richiesta. L'arroganza di Verginio era pari all'ostinazione di Sergio, il quale, per non dare l'impressione di chiedere aiuto al suo avversario, preferì lasciarsi vincere dal nemico piuttosto che vincere grazie all'intervento di un concittadino. Il massacro dei soldati romani presi nel mezzo durò a lungo. Alla fine, quando ormai i dispositivi di difesa erano stati abbandonati, in pochissimi ripararono nell'accampamento centrale, mentre la maggior parte dei superstiti e lo stesso Sergio si diressero verso Roma.

Ma ormai a Veio si moltiplicarono gli allarmi dovuti a tre guerre contemporanee confluite in un unico conflitto generale.

Com'era infatti già successo in precedenza, Capenati e Falisci arrivarono all'improvviso a dare manforte ai Veienti e così i Romani combatterono con esito incerto, intorno alle fortificazioni, contro tre eserciti contemporaneamente. Più di ogni altra cosa giovò il ricordo della condanna inflitta a Sergio e a Verginio. Così, dall'accampamento principale (proprio dove nella precedente occasione si era verificato il fatale ritardo) vennero inviati dei rinforzi che, con una rapida manovra di accerchiamento, aggredirono alle spalle i Capenati schierati di fronte alla trincea dei Romani. L'inizio della battaglia da quel punto seminò il panico anche tra i Falisci e bastò una sortita tempestiva dall'accampamento per metterli in fuga nel pieno dello spavento. E mentre si ritiravano, vennero raggiunti dai vincitori che li massacrarono senza pietà.

Poco tempo dopo, i Romani che stavano devastando il territorio di Capena si imbatterono quasi per caso nei superstiti sbandati e li sterminarono.

Quanto ai Veienti, molti tentarono di rifugiarsi in città, ma vennero uccisi davanti alle porte quando, per paura che i Romani potessero riversarsi all'interno insieme a loro, da dentro sbarrarono gli ingressi tagliando così fuori i compagni rimasti più indietro[71].

A questo punto avvenne il prodigio delle acque del lago di Albano. Scrive Plutarco:

> Poi, al culmine della guerra, ci fu il fenomeno del lago Albano, che, per mancanza di una causa comprensibile e di una spiegazione basata su principi scientifici, non si rivelò meno spaventoso di quei prodigi che lasciano increduli. Era autunno; l'estate che finiva46 non aveva manifestato eccessiva piovosità né perturbazioni dovute a venti meridionali. In Italia laghi, fiumi e sorgenti sono tanti e di varia specie; alcuni erano rimasti del tutto privi d'acqua, agli altri ne restava appena una quantità minima e, comunque, come sempre in estate, in tutti i fiumi l'acqua correva bassa, giù nel fondo. Ma il lago Albano, che ha in se stesso il proprio inizio e la propria fine ed è circondato da un terreno montagnoso e fertile, senza una spiegazione (se non divina) si gonfiò, crescendo notevolmente di livello, giunse alle falde dei monti e sfiorò con delicatezza le cime più alte, salendo su su, senza flutti o ondate violente. I primi a restarne stupiti furono pastori e mandriani; ma poi, quando la quantità e il peso dell'acqua ruppero quella specie di argine che separava il lago dal territorio sottostante e un grande fiotto scese per i campi e i filari fino al mare, allora non soltanto i Romani restarono sbigottiti, ma addirittura gli abitanti di tutta l'Italia convennero che dovesse trattarsi del segno di un grande evento.
>
> Se ne parlava soprattutto nell'esercito che assediava gli abitanti di Veio, così che il caso del lago giunse anche alle loro orecchie.

---

[71] *Ibid.*, V, 13.

> Come accade in un assedio, dove col passare del tempo nascono relazioni e colloqui tra i nemici, a un Romano capitò di prendere familiarità con uno degli avversari, con il quale parlava liberamente; questi era un uomo esperto delle antiche scritture [un aruspice, ndA] e veniva considerato un grande saggio per via della sua arte divinatoria.
> Il Romano, vedendo che, alla notizia dello straripamento del lago, l'uomo rideva dell'assedio tutto contento, gli disse che non si trattava dell'unico fatto straordinario verificatosi in quella circostanza; anzi, per i Romani c'erano stati altri segni più straordinari di quello, segni dei quali aveva intenzione di metterlo al corrente, per vedere se c'era il modo di salvaguardare se stesso nella sventura generale. L'altro l'ascoltò con attenzione e, sperando di carpire qualche segreto, si rese disponibile a un colloquio. Così, tra un discorso e l'altro, pian pianino il Romano lo fece allontanare, finché non furono ben oltre le porte della città. Essendo più robusto, lo solleva in alto e, con un gruppetto di uomini accorsi dall'accampamento, lo tiene con forza, poi lo consegna ai comandanti.
> L'uomo, ridotto in queste condizioni ben sapendo quanto sia impossibile sfuggire al destino, rese noti degli oracoli segreti che riguardavano la sua patria e svelò che essa non sarebbe stata presa finché i nemici non avessero ricondotto nel lago Albano l'acqua straripata e incanalata per vie diverse, facendole cambiare corso per impedirle di finire in mare.
> La notizia di questi fatti mise in agitazione il senato, che pensò bene di mandare qualcuno a interrogare il dio di Delfi[72].

Anche Livio dedica ampio spazio al prodigio dell'aumento del livello delle acque del lago di Albano. Probabilmente l'opera liviana fu l'ispirazione di Plutarco, o forse i due storici utilizzarono una fonte comune oggi perduta.

> Nel frattempo vennero annunciati molti eventi prodigiosi, la maggior parte dei quali erano disprezzati e tenuti in scarsissimo conto innanzitutto per il fatto che ciascun fenomeno riportato vantava un unico testimone e poi, essendo in quel frangente gli Etruschi dei nemici, perché a Roma c'era grande penuria di aruspici, che di solito venivano impiegati per scongiurare i cattivi presagi. Il solo fatto che destò preoccupazione fu l'inusuale innalzamento del livello del lago situato all'interno del bosco Albano, fenomeno questo dovuto non a normali precipitazioni atmosferiche o a qualche altra causa che potesse escluderne l'origine miracolosa. Per scoprire cosa gli dèi volessero preannunciare con quell'evento prodigioso, vennero inviati degli ambasciatori all'oracolo di Delfi.
> Ma un interprete più vicino venne offerto dal fato nella persona di un vecchio di Veio: costui, mentre i soldati romani e quelli etruschi si prendevano in giro dai posti di guardia e dalle garitte, annunziò in tono da vaticinio che i Romani non si sarebbero mai impadroniti di Veio prima che le acque del lago Albano fossero tornate al livello di sempre. Sulle prime le parole del vecchio vennero catalogate con disprezzo come una battuta gettata lì e priva di fondamento. Poi però si cominciò a discuterne, fino a quando un romano in servizio presso uno dei posti di guardia domandò al Veiente che gli stava più a portata di mano (la guerra durava ormai da così tanto tempo che assediatori e assediati si parlavano a distanza) chi fosse mai quell'uomo che osava proferire sentenze sibilline sul lago Albano.
> Quando si sentì rispondere che si trattava di un aruspice, poiché egli stesso era sensibile allo scrupolo religioso, adducendo come pretesto di volerlo consultare - se gli era

---

[72] *Camillo*, 3-4.

possibile - per una cerimonia purificatoria circa un fatto prodigioso di natura privata, riuscì a indurre il vate a un colloquio. E quando i due, disarmati e senza alcun timore, si furono allontanati un po' a piedi dai rispettivi compagni, ecco che il romano, più giovane e robusto, afferrò il vecchio debole davanti agli occhi di tutti, tra le vane e rabbiose proteste degli Etruschi, lo trascinò via verso i propri commilitoni. Una volta portato di fronte al comandante, venne da quest'ultimo inviato a Roma. E qui, ai senatori che gli domandavano che cosa avesse voluto dire con quella frase sul lago Albano, egli rispose che quel giorno gli dèi dovevano di certo essere infuriati con il popolo di Veio perché avevano deciso di indurlo a rivelare il tragico destino di distruzione riservato alla sua patria. Pertanto ciò che in quell'occasione egli aveva vaticinato sull'onda dell'ispirazione divina ora non poteva certo ritirarlo come se non fosse stato detto. E poi, tacendo una cosa che gli dèi volevano fosse risaputa, probabilmente avrebbe commesso un'empietà non meno che se avesse rivelato a viva voce ciò che era destinato a rimanere nascosto. Così era scritto nei loro libri dei fati e così era stato tramandato dall'arte divinatoria degli Etruschi: quando le acque del lago Albano tracimassero, i Romani avrebbero avuto la meglio sui Veienti se in quella precisa occasione avessero fatto defluire le acque secondo la procedura rituale. Finché però non si fosse verificato tutto questo, gli dèi non avrebbero abbandonato le mura di Veio. Il vecchio passò poi a spiegare in che cosa consistesse lo scarico rituale dell'acqua. Ma i senatori, dando scarso credito all'autorità di quell'uomo e non considerandolo sufficientemente affidabile per una questione di tale importanza, decisero di aspettare gli ambasciatori di ritorno da Delfi con il responso della Pizia[73]

Il ritorno dell'ambasciata da Delfi conferì piena credibilità alle parole del *senex haruspex*, confermandone le parole. L'oracolo aggiungeva però che i magistrati, eletti irregolarmente, avevano celebrato in modo non rituale le *Feriae Latinae* e il sacrificio a *Juppiter Latiaris* sul Monte Albano. Si deposero dunque i tribuni militari, si presero nuovamente gli auspici e si diede inizio ad una fase di *interregnum*[74]
Plutarco prosegue:

> Gli inviati, uomini stimati e potenti, cioè Cosso Licinio, Valerio Potito e Fabio Ambusto, andarono via mare e, ottenuti i responsi del dio, tornarono con diversi vaticini, secondo i quali erano stati tralasciati alcuni riti tradizionali relativi alle feste dette Ferie Latine; il dio ordinava di riportare nella sua antica sede l'acqua del lago Albano, per quanto possibile, allontanandola dal mare, o, se non era possibile, di deviarne il corso verso la pianura per mezzo di gallerie e fossati e disperderla.64 Udite queste rivelazioni, i sacerdoti si apprestarono a sistemare la faccenda dei riti sacri, mentre il popolo iniziava l'opera di deviazione.

Il testo è particolarmente interessante, perché Plutarco era sacerdote presso il tempio di Apollo a Delfi e sicuramente basa il proprio racconto sullo studio dei documenti dell'archivio del santuario.
Nel frattempo, la lega etrusca si era riunita in assemblea plenaria presso il tempio di Voltumna. Durante la seduta, Falisci e Capenati proposero che tutti i popoli etruschi unissero forze e strategie per liberare Veio dall'assedio. I convenuti risposero però che una collaborazione del genere in passato non era stata concessa ai Veienti, solo perché

---

[73] Liv., V, 15.
[74] Ibid.

questi ultimi non avevano il diritto di chiedere aiuto dopo aver rifiutato di chiedere consigli su una questione di tale importanza. E adesso la penosa situazione in cui versava l'Etruria era un argomento sufficiente per dire di no. Infatti in quella parte dell'Etruria era adesso stanziata una stirpe mai vista prima, dei nuovi vicini, i Galli, con i quali non c'erano né pace sicura né guerra aperta. Ciò non ostante, dati i pericoli in vista e i legami di parentela e di nome con i propri consanguinei, se c'era qualche giovane tra di loro che voleva prendere spontaneamente parte a quel conflitto, nessuno glielo avrebbe impedito. A Roma giunse la notizia che quei nemici erano arrivati in gran numero. Perciò, come spesso succede in simili stati di allarme per tutta la comunità, le discordie civili cominciarono a mitigarsi[75]

**Sfinge con puledro e pantera, pittura dalla Tomba Campana di Veio
(Da George Dennis, *The Cities and Cemeteries of Etruria*, Londra 1848)**

---

[75] *Ibid.*, V, 17.

FURIO CAMILLO, 399-396

Ormai i giochi e le *Feriae Latinae* erano stati riorganizzati, l'acqua in eccesso era stata fatta defluire dal lago di Albano e il giorno fatale della fine di Veio era sempre più vicino. E fu così che il generale chiamato dal destino a distruggere quella città e a salvare il proprio paese, e cioè Marco Furio Camillo, venne eletto dittatore e a sua volta nominò *magister equitum* Publio Cornelio Scipione.

Marco Furio Camillo, era nato attorno al 308-446 a.C.; era stato censore nel 403 nel 401, nel pieno della lotta tra gli ordini patrizi e plebei (310-387 a.U.c.,444-367 a.C.), venne eletto *tribunus militum consulari potestate*. Nel 356-398 a.C. Camillo venne rieletto; e divenne *interrex* nel 357-397.

Nel 358-396 venne infine eletto dittatore dopo che i tribuni consolari Lucio Titinio Pansa Sacco e Gneo Genucio Augurino caddero in un'imboscata di falisci e capenati, che uccisero il secondo. Camillo decise di nominare suo *magister equitum* Publio Cornelio Maluginense.

La ragione dell'elezione di Camillo a dittatore viene ben spiegata da Plutarco nella sua *Vita di Camillo*:

> Ormai stava quasi per finire il settimo anno di assedio, così che i comandanti, accusati e giudicati colpevoli di leggerezza nella conduzione dell'impresa, furono privati del comando e altri furono preposti alla guerra. tra questi c'era Camillo, allora tribuno militare per la seconda volta.
>
> Comunque, per il momento, non fu impegnato nell'assedio, perché gli era toccato in sorte di combattere contro gli abitanti di Faleri e i Capenati; questi, che, profittando della momentanea assenza dell'esercito, avevano più volte violato il territorio di Roma e avevano compiuto azioni di disturbo per tutto il tempo della guerra con l'Etruria, furono respinti da Camillo e ricacciati fino alle loro mura, con gravi perdite[76].

Dopo aver rimesso in ordine la situazione, reclutando nuovi soldati e sconfiggendo Falisci e Capenati, riprese l'assedio di Veio.

Come scrive Tito Livio, il cambio al comando dell'esercito modificò in maniera repentina ogni cosa: erano riapparsi la speranza e lo spirito di un tempo e persino la fortuna di Roma sembrava diversa e rinnovata. Innanzitutto, il dittatore si occupò di quei soldati che erano fuggiti da Veio nel pieno del panico: punendoli con la severità prevista dal codice militare, fece capire ai propri uomini come il nemico non fosse il peggiore spauracchio in guerra. Poi, dopo aver indetto la leva militare per un giorno determinato, nell'intervallo di tempo che lo separava da quella data corse a Veio per incoraggiare le truppe.

Quindi Camillo tornò a Roma, dove arruolò un nuovo esercito senza dover affrontare alcun caso di renitenza alla leva. Addirittura, da fuori, dai Latini e dagli Ernici, si presentarono contingenti di giovani e offersero il proprio contributo per quel conflitto: il dittatore li ringraziò di fronte al Senato. E siccome tutto era pronto in vista della guerra, in conformità a un decreto del Senato, Camillo promise in maniera solenne che, qualora

---

[76] *Camillo*, 5.

Veio fosse caduta in mano dei Romani, avrebbe celebrato i *Ludi Magni*, restaurato e riconsacrato il tempio della *Mater Matuta*[77], un tempo già consacrato dal re Servio Tullio. Quando lasciò Roma alla testa dell'esercito, le aspettative della gente superavano addirittura le speranze. Giunto nel territorio di Nepi, il suo primo scontro armato fu con Falisci e Capenati. In quell'occasione, scrive Livio, come spesso succede, la sua condotta, strategicamente perfetta sotto ogni aspetto, venne accompagnata anche dalla fortuna. Camillo non si limitò però a sbaragliare i nemici in battaglia, ma li privò anche dell'accampamento impadronendosi di un enorme bottino, la maggior parte del quale venne consegnato al questore, lasciando così ben poca roba ai soldati.

Di lì guidò quindi l'esercito alla volta di Veio dove incrementò le opere di fortificazione impiegandovi i soldati, ai quali vietò di combattere senza ordini precisi, ponendo così termine alle frequentissime scaramucce che si verificavano nello spazio compreso tra il muro della città e il fossato dell'accampamento. Dette, poi, inizio a un lavoro molto più importante e faticoso di tutti gli altri: un cunicolo sotterraneo diretto verso la cittadella. Per evitare interruzioni nella costruzione ed eccessi di fatiche sobbarcate sotto terra sempre dagli stessi uomini, il dittatore li divise in sei squadre, ciascuna con un turno di sei ore. Si potè così procedere in maniera incessante giorno e notte, fino a quando il camminamento non ebbe raggiunto la cittadella nemica.

Il dittatore si rese conto che ormai la vittoria era a portata di mano: una città ricchissima stava per essere conquistata e la preda sarebbe stata enorme, quale non avevano dato tutte le guerre precedenti messe insieme. Di conseguenza, per evitare di incappare nel risentimento dei soldati per una spartizione taccagna del bottino o di suscitare il malcontento dei senatori con una divisione eccessivamente prodiga, scrisse una lettera al Senato nella quale diceva che grazie al favore degli dei immortali, alla sua condotta strategica, alla costanza dello sforzo da parte delle truppe la città di Veio sarebbe presto finita in mano al popolo romano. Che cosa ritenevano si dovesse fare con il bottino? Il senato era diviso tra due diverse risoluzioni.

La prima, avanzata dall'anziano Publio Licinio (che, stando alla tradizione, sarebbe stato il primo a parlare su richiesta del figlio), suggeriva di proclamare pubblicamente al popolo che chi avesse voluto partecipare alla spartizione del bottino si sarebbe dovuto recare all'accampamento sotto Veio.

L'altra fu sostenuta da Appio Claudio: considerando quell'inedita elargizione eccessiva, avventata, e ineguale, egli riteneva che, se il versare nelle casse dello Stato stremate dalle guerre il denaro sottratto ai nemici veniva considerato un delitto, sarebbe stato consigliabile utilizzare quella enorme somma per il pagamento degli stipendi ai soldati, in maniera tale da alleviare in parte la plebe dalla contribuzione di quella tassa. Con questo sistema tutte le famiglie avrebbero risentito in maniera uguale del beneficio di quell'elargizione, evitando così che gli sfaccendati della città, abituati com'erano al saccheggio, mettessero le grinfie sui premi destinati ai combattenti valorosi (poiché succede sempre che chi di solito cerca la parte più rilevante di pericoli e fatiche poi risulta più lento quando si tratta di mettere le mani sulla preda). Licinio sosteneva invece che quel denaro sarebbe sempre stato motivo di sospetti e gelosie, offrendo così il destro per accuse di fronte alla plebe, disordini e leggi rivoluzionarie. Sarebbe stato di

---

[77] Il tempio è stato individuato presso l'area sacra di S. Omobono a Roma, presso il foro Boario, ai piedi del Campidoglio.

gran lunga preferibile riconciliarsi con quell'elargizione la simpatia dei plebei, venendo loro in aiuto nello stato di prostrazione e miseria nella quale erano stati trascinati da anni di tassazioni belliche, e offrendo così nel contempo l'opportunità di godere del frutto del bottino fatto in una guerra che li aveva visti quasi diventar vecchi. Per tutti sarebbe stata una gioia ben più forte riportarsi a casa ciò che ciascuno di essi aveva strappato con le proprie mani al nemico, piuttosto che ottenere un premio molto più grande ad arbitrio di altri. Oltretutto anche il dittatore avrebbe evitato il malcontento e le accuse che ne sarebbero derivate. E per questo aveva rimesso al Senato la decisione.
Quindi anche il Senato doveva delegare alla plebe la risoluzione che gli era stata addossata, lasciando così che a ciascun combattente restasse ciò che le sorti della guerra potevano aver dato. Questo suggerimento sembrò il più sicuro in quanto avrebbe reso popolare il Senato. Perciò venne annunciato che chi avesse voluto prendere parte alla spartizione del bottino di Veio avrebbe dovuto recarsi all'accampamento del dittatore. Un'enorme massa di persone si mise in movimento e andò a riversarsi nell'accampamento. Il dittatore allora, dopo aver tratto gli auspici, uscì dalla tenda e diede ordine alle truppe di armarsi.

> Sotto il tuo comando, disse poi, o Apollo Pizio, e ispirato al tuo volere, mi accingo a distruggere la città di Veio e a te dedico la decima parte del bottino che ne verrà tratto. Ma nello stesso tempo imploro te, o Giunone Regina, che adesso dimori a Veio, di seguire noi vincitori nella nostra città presto destinata a diventare anche la tua, dove ti accoglierà un tempio degno della tua grandezza[78].

Era la cerimonia dell'*evocatio*, con la quale si invitava Giunone, l'etrusca Uni, ad abbandonare i Veienti ed ad accettare Roma come sua nuova patria. Per comprendere il rituale dell'*evocatio* romana bisogna anzitutto comprendere la mentalità romana nei confronti della religione. I Romani avevano molta cura dell'aspetto religioso, che riguardava qualsiasi aspetto della loro vita, essi avevano divinità preposte a incentivare, migliorare, accentuare qualsiasi aspetto positivo che potesse soddisfarli così come avevano divinità preposte a scoraggiare, opporsi, salvaguardarli, eliminare, qualsiasi aspetto negativo che potesse fare del male sia al privato che allo stato romano.
Questa accuratezza e anche pignoleria nella presenza delle divinità nei fatti della vita non ebbe però mai aspetti di fanatismo. L'uomo romano, e in particolare il *pater familias*, doveva essere pius", cioè molto attento ai doveri verso le divinità, ma mai *fanaticus* perchè contrario al buon vivere da cittadino romano.
Per favorire questo atteggiamento le regole religiose, stabilite dai *pontefices* e dai vari sacerdoti, andavano a coprire ogni eventualità per accontentare le divinità e salvaguardare la *Pax Deorum* che spettava anzitutto alle cure dello stato.
Dopo aver innalzato queste preghiere, il dittatore, forte di un numero soverchiante di uomini, si buttò all'assalto della città aggredendola da ogni parte, in maniera tale che gli abitanti si rendessero conto il meno possibile del pericolo che incombeva sulle loro teste dalla galleria sotterranea. I Veienti, non sapendo che tanto i vati di casa quanto gli oracoli stranieri li davano già per spacciati e che alcune divinità erano già state chiamate a dividere le loro spoglie, mentre altre, invitate con suppliche ad abbandonare Veio,

---

[78] Liv., V, 21.

stavano già cominciando a vedere nei santuari dei nemici le loro nuove dimore, e ignorando che quello era destinato ad essere il loro estremo giorno di vita, siccome l'ultima cosa di cui potevano aver paura erano l'idea di un cunicolo scavato sotto le fortificazioni e l'immagine della cittadella ormai piena di nemici, si armarono ciascuno per proprio conto e si andarono a riversare sulle mura. E si chiedevano con meraviglia come mai, mentre per tanti giorni non c'era stato un solo Romano che si fosse mosso dai posti di guardia, adesso, come spinti da un furore improvviso, si riversassero in massa alla cieca contro le mura.

A questo punto, continua Livio, si inserisce una leggenda: mentre il re dei Veienti era intento a celebrare un sacrificio, nella galleria si sarebbe udita la voce dell'aruspice dire che la vittoria avrebbe premiato chi fosse riuscito a tagliare le viscere di quella vittima. Questa voce avrebbe spinto i soldati romani a sfondare l'ingresso della galleria e a impossessarsi delle viscere riportandole al dittatore. Trattandosi di vicende così antiche sarei già contento se il verosimile fosse accettato come vero: ma racconti come questo sembrano adatti al palcoscenico di un teatro (dove c'è l'abitudine a compiacersi del meraviglioso) più che alla credibilità di un'opera storica, e non vale la pena né di rifiutarli in blocco né di accettarli passivamente. La galleria, piena com'era in quel momento di truppe scelte, all'improvviso riversò il suo carico di armati all'interno del tempio di *Uni* (Giunone) sull'acropoli di Veio: parte di quegli uomini prese alle spalle i nemici piazzati sulle mura, parte andò a svellere dai cardini le sbarre che chiudevano le porte e altri ancora appiccarono il fuoco alle case dai cui tetti i servi e le donne scagliavano una gragnuola di sassi e tegole.

Dappertutto echeggiavano clamori: alle urla minacciose degli aggressori miste ai suoni spaventati degli assaliti si univano le lacrime delle donne e dei bambini. In un attimo tutti gli uomini armati vennero scaraventati giù dai vari punti delle mura e le porte si spalancarono, permettendo così a parte dei Romani di riversarsi all'interno in formazione compatta e ad altri di scalare le mura ormai prive di difesa. La città straripava di nemici.

Si: combatteva dovunque prosegue Tito Livio; poi, quando il massacro era già arrivato all'estremo, la battaglia cominciò a perdere d'intensità e il dittatore attraverso gli araldi ordinò agli uomini di risparmiare chi non era armato. Questa mossa pose fine alla carneficina. Quanti non portavano armi iniziarono allora a consegnarsi spontaneamente, mentre i soldati romani ottennero dal dittatore via libera al saccheggio[79].

Poiché gli oggetti accatastati di fronte ai suoi occhi si rivelarono più numerosi e preziosi di quanto non fosse dato sperare o supporre, si racconta che il dittatore innalzò questa preghiera con le mani levate al cielo: se la fortuna sua e del popolo romano sembrava eccessiva a qualcuno tra gli dei e tra gli uomini, che almeno quella gelosia potesse venir placata con il minor danno per sé e per il popolo romano. Pare che mentre si girava nel corso della preghiera agli dei Camillo scivolasse e perdesse l'equilibrio finendo a terra. Quando a fatti compiuti si cominciò a congetturare sull'episodio, sembrò che quel sinistro presagio dovesse esser messo in relazione tanto alla condanna inflitta in seguito a Camillo, quanto alla catastrofica caduta di Roma avvenuta pochi anni dopo. Nell'arco di quell'intera giornata, i Romani non fecero altro che massacrare i nemici e saccheggiare le ricchezze infinite di quella città. Il giorno dopo il dittatore vendette

---

[79] *Ibid.*

come schiavi tutti gli abitanti di condizione libera. La somma che se ne ricavò fu il solo denaro finito nel tesoro dello Stato, non senza ira della plebe. Quanto poi al bottino che i soldati riuscirono a portarsi a casa, dissero di non doverlo né al comandante, reo di aver rimesso al senato una decisione di sua competenza, per trovare dei responsabili per la sua avara distribuzione, né tantomeno al senato, bensì soltanto alla famiglia Licinia, tra i cui membri c'era stato un figlio relatore al senato di una legge così favorevole al popolo e proposta dal padre. Quando i beni dei cittadini erano già stati asportati da Veio, i vincitori cominciarono a portarsi via anche i tesori degli dei e gli dei stessi, pur facendolo però con spirito di autentica devozione e non con foga da razziatori.

Infatti all'interno di tutto l'esercito vennero scelti dei giovani che, dopo essersi lavati accuratamente e aver indossato una veste bianca, ebbero l'incarico di trasferire a Roma Giunone Regina. Una volta entrati nel tempio pieni di reverenza, essi in un primo tempo accostarono piamente le mani al simulacro della dea perché secondo la tradizione etrusca quell'immagine non doveva esser toccata se non da un sacerdote proveniente da una certa famiglia. Poi, quando uno di essi, vuoi per ispirazione divina, vuoi per celia giovanile, disse, rivolto al simulacro: *"Vuoi venire a Roma, Giunone?"*, tutti gli altri gridarono festanti che la dea aveva fatto un cenno di assenso con la testa. In seguito alla storia venne anche aggiunto il particolare che era stata udita la voce della dea rispondere di sé.

Di certo però sappiamo che (come se la statua avesse voluto seguire volontariamente quel gruppo di giovani) non ci vollero grossi sforzi di macchine per rimuoverla dalla sua sede: facile e leggera a trasportarsi, la dea approdò integra sull'Aventino, in quella zona cioè che le preghiere del dittatore avevano invocato come la sede naturale a lei destinata per l'eternità e dove in seguito Camillo le dedicò il tempio da lui stesso promesso nel corso della guerra[80].

Plutarco, da parte sua, descrive così la caduta della città, sottolineando la *pietas* del dittatore romano:

> [Camillo] si rivolse poi all'assedio di Veio, ma, vedendo che un assalto frontale sarebbe stata opera difficile e ardua, fece scavare dei passaggi sotterranei (il terreno intorno alla città si prestava allo scavo e permetteva di condurre i lavori velocemente e in profondità, senza che i nemici se ne accorgessero).
> La cosa andava come aveva sperato. Mentre lui colpiva all'esterno, attirando i nemici sulle mura, altri, avanzando segretamente attraverso i cunicoli, giunsero non visti all'interno della cittadella, presso il tempio di Giunone che era il più imponente della città e il più venerato.
> Si dice che lì, proprio in quel momento, il capo degli Etruschi stesse per l'appunto celebrando dei sacrifici; come vide le viscere, l'indovino lanciò un forte grido e disse che la divinità avrebbe concesso la vittoria a chi avesse concluso quei riti.
> Udite queste parole i Romani che erano nei cunicoli sfondarono veloci il pavimento e, saltando su con grida e fracasso di armi, mentre i nemici si davano alla fuga sbalorditi, afferrarono le viscere e le portarono a Camillo. Ma questo racconto potrà apparirvi fantastico.
> Presa a viva forza la città i Romani la saccheggiarono, sottraendole un tesoro sconfinato. Camillo, vedendo dalla cittadella quanto stava accadendo, restò dapprima

---

[80] Il resoconto dell'assedio e dell'espugnazione di Veio è ripreso da Liv., V, 19-22.

fermo, in lacrime, poi, quando i presenti si congratularono con lui, tese le braccia agli dèi e rivolse loro una preghiera:

O Giove grandissimo, o dèi che di lassù vedete le azioni buone e cattive, riconoscete che non contro giustizia, bensì costretti da necessità, noi Romani puniamo una città di uomini ostili e scellerati! Ma se anche per noi disse ancora *deve esserci un capovolgimento a castigo della buona fortuna del presente, io vi supplico, in nome della città e dell'esercito di Roma, fate che tocchi a me, e che sia il male minore!*

Detto ciò, secondo il costume romano di voltarsi verso destra dopo preghiere e suppliche, si girò, ma cadde. I presenti ne rimasero sconvolti, ma egli si rialzò da terra e disse che era avvenuto quanto aveva chiesto in preghiera: una sua piccola caduta in cambio di una successo grandioso.
 Dopo il saccheggio della città, decise di trasportare a Roma la statua di Giunone per adempiere al voto fatto. E quando ebbe all'uopo radunato gli operai esperti, prese a sacrificare e a pregare la dea di accettare il loro zelo e di coabitare benevola con gli dèi protettori di Roma. Dicono che la statua rispose in un sussurro che acconsentiva con piacere. Ma secondo Livio, mentre pregava e invocava la dea, Camillo stava toccando la statua e furono alcuni dei presenti a rispondere che lo voleva, lo accettava e li seguiva volentieri. Comunque, quelli che continuano a sostenere a gran voce la versione del prodigio hanno dalla loro la fortuna della città, che, da piccola e insignificante quale era ai suoi esordi, non avrebbe avuto modo di raggiungere un tal grado di fama e potenza senza le numerose e grandi manifestazioni di una divinità sempre presente. Essi raccolgono anche altri casi simili, riportati da molti storici precedenti: statue che spesso versano gocce di sudore e simulacri che si sono uditi gemere, che si voltano indietro o chiudono gli occhi[81].

Tito Livio scrive, a conclusione della narrazione dell'assedio, che tale fu la fine di Veio, della città più ricca di tutto il mondo etrusco e capace di dare prova della propria grandezza anche nel momento estremo della disfatta: dopo un assedio durato dieci estati e altrettanti inverni durante i quali aveva inflitto perdite ben più gravose di quante non ne avesse subite, alla fine, anche se incalzata ormai anche dal destino avverso, ciò non ostante fu espugnata grazie all'ingegneria militare e non alla forza[82].
Si tratta di eventi leggendari: nessun cunicolo sboccante sull'acropoli di Veio (ossia la zona di Piazza d'Armi) è stato rinvenuto, malgrado i recenti scavi nell'area. Del resto, pur se si fosse trattato dell'ampliamento di uno dei molteplici cunicoli idraulici del territorio veiente, si sarebbe trattato di un lavoro imponente, per permettere il passaggio di un numero evidentemente ingente di soldati; oltretutto l'ingresso della galleria sarebbe dovuto essere in pianura, ai piedi dell'altura, e da qui i Romani avrebbero dovuto scavare prima orizzontalmente e poi in leggera salita verso il pianoro per sboccare al centro dell'arce. E' assai più probabile, almeno a parere di chi scrive, che la città sia stata presa d'assalto ed espugnata.
È evidente infatti il parallelismo tra l'assedio di Troia e quello di Veio: dopo dieci anni Camillo, *novello Ulisse*, grazie a uno stratagemma (il *cuniculus* come il cavallo) e assecondando il volere degli dèi, si impadronisce della statua di culto della divinità

---

[81]*Camillo*, 6- 7.
[82] Liv., V, 22.

protettrice del luogo (Giunone Regina come il Palladio) riuscendo infine ad aver ragione dell'odiata città nemica; altri motivi analoghi sono costituiti dalla cattura dell'indovino (l'aruspice) e dai vari conflitti interni prima del ricompattamento e dell'attacco finale[83]
Quando a Roma arrivò la notizia della caduta di Veio, anche se i prodigi erano stati espiati e tutti ormai erano a conoscenza dei responsi degli aruspici e dell'oracolo della Pizia, e per quanto i Romani, scegliendosi come comandante il più grande generale che ci fosse in circolazione- e cioè Furio Camillo- avessero fatto tutto quello che era in loro potere per sostenere la causa comune, ciò nonostante - visto che la guerra si era trascinata con alterne fortune per così tanti anni e le disfatte subite non erano state certo poche - in città l'esplosione di gioia fu incontenibile come se quell'esito fosse insperato.
Nel frattempo Volsci ed Equi inviarono dei delegati a intavolare trattative di pace: e se essa venne concessa, non fu tanto perché ne fossero degni coloro che la richiedevano, quanto piuttosto perché il paese avesse modo di riprendere fiato stremato com'era dopo una guerra così lunga[84].
La città distrutta non fu ricostruita; dopo la sconfitta dell'Allia fu discusso se trasportarvi la nuova sede di Roma saccheggiata dai Senoni; nel 367 a.U.c.-387 a. C. dal territorio veiente furono formate quattro nuove tribù rustiche, *Stellatina*, *Tromantina*, *Sabatina* e *Arnensis*.
Veio non ristabilì più la sua indipendenza dopo la cattura ed il sacco del 396; il suo territorio fu annesso a Roma, le sue difese furono abbattute, e può anche darsi che per un breve periodo, essa sia stata quasi completamente abbandonata. In realtà, fuorviati dalle esagerazioni poetiche di Properzio, che scrisse

> Anche tu, antica Veio, anche tu fosti allora un regno;
> e un trono aureo fu posto nel tuo foro;
> ora dentro le mura il corno del lento pastore
> suona, e sulle tue ossa si miete il raccolto[85],

molti studiosi hanno creduto che, eccettuati i santuari che si conservarono per tutto il periodo ellenistico, la città fosse rimasta abbandonata fino alla sua ricostruzione per opera di Augusto: ma ciò non tiene conto del fatto che fino a che la via Cassia non fu costruita (583 a.U.c.-171 a. C.), la principale strada verso le colonie di *Sutrium* e di *Nepet*, *Falerii Novi* e l'Etruria meridionale era la *via Veientana* che passava proprio attraverso la città che continuava ad essere il centro del solo effettivo sistema stradale di tutta l'area; e dai ritrovamenti superficiali risulta evidente che l'area intorno agli incroci stradali, che aveva costituito il centro della città etrusca, fu molto presto ripopolata, e divenne centro di mercato e di affari per tutto il territorio.
Al III secolo a.C., un secolo dopo la conquista romana, risalgono delle iscrizioni dedicatorie della *gens Tolumnia*[86], che quindi continuava a frequentare la città su cui

---

[83] G. Ferri, *Il significato e la concezione della divinità tutelare cittadina nella religione romana*, tesi di dottorato, Univ. di Roma *Tor Vergata*, 2009; id. *Tutela segreta ed evocatio nel politeismo romano*, 2010.
[84] Liv., V, 22..
[85] Properzio, *Elegie*, IV, 10, 27-30. Properzio, di origini etrusche, parlando di Veio fa riferimento alla sua Perusia (Perugia) saccheggiata da Ottaviano

aveva regnato il loro antenato Lars Tolumnio. A Veio era nato anche il celebre aruspice Tarquizio Prisco *senior*, vissuto nel I secolo a.C.[87], appartenente ad una nobile famiglia etrusca[88] Veio dunque doveva non solo esistere come centro abitato, ma doveva ospitare famiglie importanti anche prima dell'istituzione del *Municipium Augustum Veiens*, fondato non più tardi del 753 dalla fondazione di Roma (1 a. C.), ed appartenente alla tribù Tromentina, che non fu quindi una nuova creazione, ma il riconoscimento di una situazione già esistente. La storia più tarda della località è, d'altra parte, quella di un costante declino: la popolazione si allontanava dalla città verso le nuove strade principali e verso le fattorie dell'aperta campagna. Dopo il I secolo d. C., si trovano solo pochi resti di nuove costruzioni e la più tarda iscrizione conosciuta è del III secolo; Veio. probabilente poco dopo cessò di esistere come città[89].

---

[86] Olpe con iscrizione latina *L. Tolonio(s) ded(et) Menerva, L. Tolumnio offrì a Minerva*, dal santuario di Portonaccio.

[87] P. Romeo di Colloredo, *Etrusca disciplina*, Bergamo 2023, p. 30.

[88] Si pensa che i Tarquizi fossero discendenti della *gens Tarquinia* che aveva regnato su Roma nel VI secolo e che è poi documentata a *Caere*; in seguito l'odio verso il ricordo della monarchia avrebbe portato a modificare l'originario *Tarquinius* in *Tarquitius* (Ibid.).

[89] P. Liverani, *Municipium Augustum Veiens. Veio in età imperiale attraverso gli scavi Giorgi (1811-1813)*, Roma, 1987.

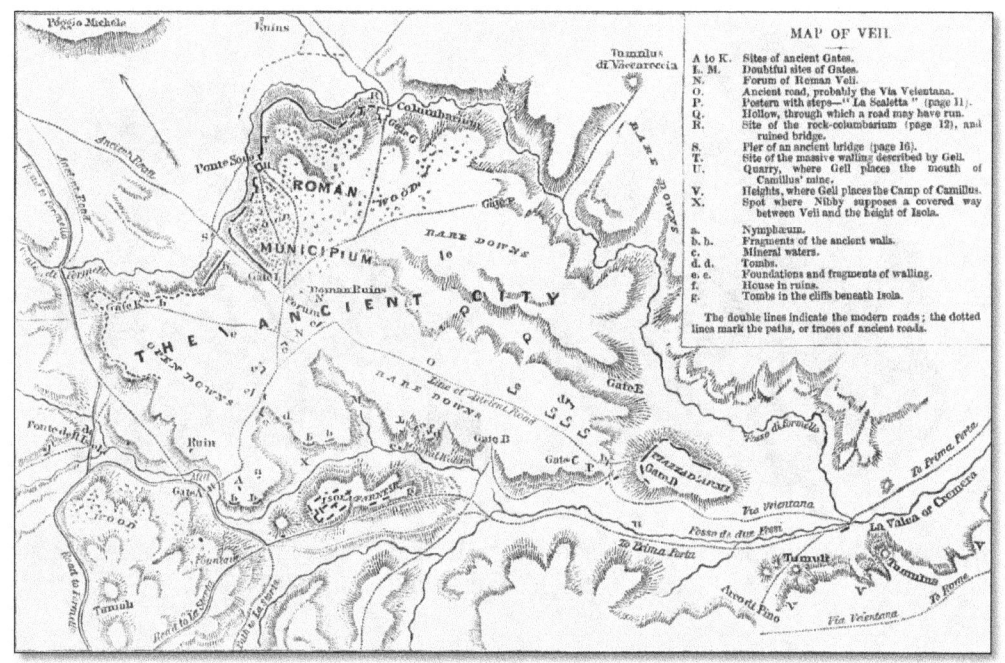

Mappa di Veio,
da George Dennis, *The Cities and Cemeteries of Etruria*, vol, I, Londra 1848

Elmi etruschi di tipo Negau (sin.) e corinzio (ds) dedicati da Ierone di Siracusa a Zeus Olimpio dopo la battaglia navale di Cuma del 474 a.C..

Corzza anatomica in bronzo, VI- V secolo a.C.

Cippo funerario con due opliti con elmo corinzio, corazza anatomica, schinieri, *oplon* e lancia che si stringono la mano, inizi VI secolo

Cippo funerario con oplita, VI secolo a.C.

Veio. Tomba dei Leoni Ruggenti, datata al 700-690 a.C..
Si tratta della piu' antica tomba dipinta ritrovata in Etruria

La tomba Campana a Veio in un disegno dell'epoca della scoperta

Falange di opliti in combattimento. Particolare dell'Olpe Chigi, da Veio.
640 a.C- circa, Museo Nazionale Etrusco di Villa Giulia

Veio. Santuario di *Menerva* a Portonaccio

12 Bronzetto con guerriero etrusco offerente, IV- III sec.a.C.

Bronzetto di un oplita etrusco con corazza lamellare. Londra, British Museum

Opliti latini, dalla tomba Barberini di Palestrina, IV sec. a.C.
. I due opliti indossano una corazza anatomica (*thorax*), gli schinieri e l'elmo attico e sono equipaggiati di *hasta* e di *clipaeum* rotondo. L'adozione del pilum e dello *scutum* si ebbe solo durante o dopo la Seconda guerra sannitica.(Museo Nazionale Etrusco di Villa Giulia, Roma).

Corredo funerario del Guerriero di *Lunuvium*, fine V- inizio IV secolo a.C.; si tratta dell'esempio più completo di armamento arcaico latino giunto sino ad oggi, indicativo delle armi indossate dagli ufficiali romani e dei *socii* nella Prima guerra sannitica. Si notino l'elmo di tipo Negau particolarmente elaborato, la corazza anatomica e la *falcata*, o *kopis*, una delle armi favorite nel mondo italico. Le punte di tre giavellottiindicano che il Guerriero di *Lanuvium* fosse un cavaliere, probabilmente un ufficiale di alto rango. (Da Lunuvio, Roma, Museo Nazionale Romano)

Elmo del Guerriero di *Lanuvium*. La forma dell'elmo da parata è una variante del tipo Negau largamente diffuso in Italia centrale a partire dal VI sec. a.C.
Il tipo di lavorazione dell'esemplare di Lanuvio si avvicina ad alcune produzioni etrusche, in particolare quelle di Vulci. L'elmo in antico era completato da una cresta centrale, sorretta da due cavalli marini in argento; due elementi laterali contrapposti ospitavano i pennacchi laterali.

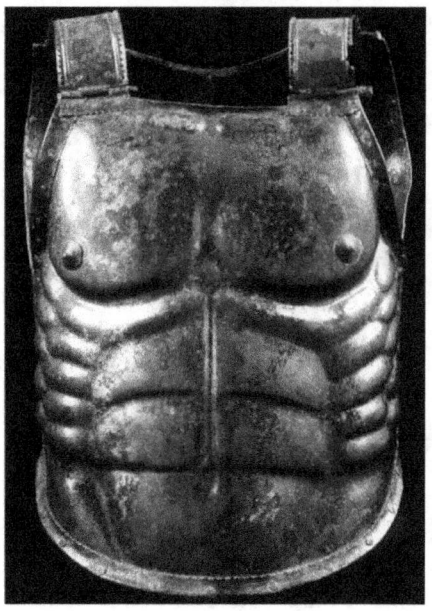

Corazza anatomica in pronzo con intarsi in argento, da Lanuvium. Roma, Museo Nazionale Roman

SUTRIUM, 389

In seguito alla caduta di Veio, dopo che Roma aveva costrette Capena e *Falerii* alla pace, *Nepet* e *Sutriumi* divennero alleate della repubblica romana, avamposto quirite nell'Etruria interna.

Poco dopo la vittoria su Veio però, Roma subì una delle sua più catastrofiche sconfitte, la *clades Allensis*, lo stesso giorno- 18 luglio- della disfatta dei Fabii sul Cremera.

Le schiere celtiche, che dopo la presa di Melpum avevano passato il Po, inondarono rapidamente l'Italia settentrionale e si spinsero non solo sulla sponda destra del fiume lungo il mare Adriatico, ma anche nella vera Etruria al di quà dell'Appennino. Contemporaneamente alla conquista di Veio (363- 391) i Senoni avevano piantato il proprio campo dinanzi a *Clusium* (Chiusi) nel cuore dell'Etruria, e gli Etruschi si rivolsero per chiedere aiuto ai distruttori di Veio. Come scrisse Theodor Mommsen, arebbe stata forse un'ottima idea accordare l'aiuto a *Clusium* ecosì sottomettere a Roma i Galli con le armi e gli Etruschi col soccorso prestato loro; ma un intervento di tanta importanza non entrava ancora nella sfera della politica romana i cui orizzonti erano limitati al *Latium vetus*, alla Sabina ed all'Etruria meridionale. Così non rimaneva altra scelta se non quella di astenersi da ogni intromissione. Il senato si rifiutò di mandare le truppe in aiuto ai Chiusini inviando invece degli ambasciatori, appartenenti alla *gens Fabia*, i quali, con scarsissima diplomazia, credettero di poter impaurire i Celti con le minacce, e quando queste non portarono a nulla, di poter infrangere impunemente lo *ius gentium* avendo a che fare con dei semplici barbari. Così gli ambasciatori romani anziché mantenersi neutrali si schierarono tra fila degli Etruschi, prendendo parte al combattimento, e uno di essi colpì e fece cadere da cavallo un condottiero celtico. I Senoni si comportarono in questa circostanza con moderazione e avvedutezza. Innanzi tutto chiesero alla repubblica romana la consegna dei violatori del diritto delle genti perché fossero puniti, e il senato era disposto a rassegnarsi alla richiesta, sennonché il popolo si oppose alla consegna dei compatrioti; i cittadini rifiutarono di dare soddisfazione ai Galli, tanto che gli ambasciatori furono perfino nominati tribuni con potestà consolare per l'anno 364- 390, che doveva esser segnato con nota funesta negli annali romani. Allora Brenno levò l'assedio di Chiusi e tutta l'armata, forse composta da 170.000 uomini, si diresse verso Roma

I Galli Senoni provenendo da Chiusi seguirono il corso del Tevere, che passarono dove era più facilmente guadabile, assai a monte di Roma, e ora scendevano contro Roma lungo la via Salaria Il 18 luglio del 364 a.U.c.- 390 a.C., nei pressi di un piccolo affluente del Tevere, il fiume Allia, si verificò il primo scontro tra i Romani ed i Galli,. I Romani, secondo la leggenda, non avendo avuto il tempo di prepararsi adeguatamente, si diressero disordinatamente a dare battaglia nelle vicinanze della città. La notevole superiorità numerica dei Galli, insieme con la sorpresa dei Romani per l'audacia impetuosa e per il modo di combattere dei nemici, portarono i capitolini ad una disfatta che si tramutò presto in massacro, tanto grande che, quello stesso giorno, venne ricordato nei calendari romani come *dies ater*, ossia infausto.

La rotta non solo fu completa, ma la precipitosa fuga dei Romani sulla riva destra del fiume per mettersi in salvo dai Senoni che li incalzavano alle spalle, sospinse la maggior parte dell'esercito disfatto e senza ordine sulla sponda destra del Tevere e fino a Veio, che dunque, contrariamente a quanto preteso dagli autori antichi, non doveva essere stata distrutta completamente.

Così, senza alcuna necessità, si abbandonava la difesa dellacapitale; le poche truppe rimastevi, e quelle che dopo la sconfitta vi ripararono, non bastavano a guarnirne le mura, e tre giorni dopo la battaglia i Senoni entrarono in Roma per le porte indifese senza incontrare resistenza.

L'assedio di Roma, del 481- 390 a.C., da parte dei Galli Senoni guidati da Brenno, fu uno degli episodi più traumatici della storia di Roma, tanto da essere riportata negli annali con il nome di *Clades Gallica*, ossia il disastro gallico. L'assedio, tramutatosi poi in sacco vero e proprio, è ricco di episodi rimasti famosi nella storia, dalla vicenda delle Oche del Campidoglio, sacre a Giunone Moneta, alla famosa frase *'Vae Victis!'*, pronunciata dal comandante gallico Brenno, sino all'improbabile arrivo di Furio Camillo, tornato dall'esilio cui era stato costretto per non aver spartito il bottino di Veio: narra Livio che prima ancora che il vergognoso mercato fosse concluso, mentre si era nel pieno delle trattative e l'oro non era stato pesato del tutto, sopraggiunse il dittatore che ordinò di far sparire l'oro e ingiunse ai Galli di andarsene. Siccome questi ultimi si rifiutavano sostenendo di aver stipulato un accordo, Camillo disse che non poteva avere validità un patto siglato, senza sua autorizzazione, dopo che era stato nominato dittatore, da un magistrato di rango inferiore, e intimò ai Galli di prepararsi alla battaglia.

Ai suoi uomini diede disposizione di accatastare i bagagli, di preparare le armi per riconquistare la propria terra a colpi di spada e non al prezzo dell'oro, avendo davanti agli occhi i templi degli dei, le mogli e figli nonché il suolo della patria segnato dalle atrocità della guerra e tutto ciò che era sacro dovere riconquistare, difendere e vendicare. Poi schierò le truppe in ordine di battaglia come la natura del suolo permetteva sul terreno di per sé accidentato della ormai semidistrutta Roma, e prese tutte quelle misure che l'arte militare permetteva di scegliere e di predisporre in favore dei suoi uomini. Disorientati da questa iniziativa, i Galli prendono le armi e si buttano all'assalto dei Romani più con rabbia che con raziocinio. Ma ormai la sorte era cambiata e la potenza divina e la saggezza umana erano dalla parte di Roma. Così, al primo scontro, i Galli vennero sbaragliati con minore sforzo di quanto essi ne avessero impiegato nella vittoria presso il fiume Allia. Poco dopo, in una seconda e più regolare battaglia a otto miglia da Roma sulla Via Gabinia, dove si erano raccolti dopo la fuga, vennero di nuovo sconfitti sempre sotto il comando e gli auspici di Camillo. Là il massacro non ebbe limiti: venne preso l'accampamento e non fu lasciato in vita nemmeno un messaggero che tornasse indietro a riferire della disfatta. Dopo aver recuperato la patria strappandola al nemico, il dittatore tornò in trionfo a Roma e, in mezzo ai lazzi grossolani improvvisati in quelle occasioni dai soldati, con lodi non certo immeritate venne salutato come Romolo, padre della patria e secondo fondatore di Roma[90].

Dopo averla salvata in tempo di guerra, Camillo salvò di nuovo la propria città quando, in tempo di pace, impedì un'emigrazione in massa a Veio, non ostante i tribuni - ora che Roma era un cumulo di cenere - fossero più che mai accaniti in quest'iniziativa e la plebe la appoggiasse già di per sé in maniera ancora più netta. Fu questo il motivo per il quale egli non rinunciò alla dittatura dopo la celebrazione del trionfo, visto che il senato lo implorava di non abbandonare il paese in quel frangente così delicato.

---

[90] Livio, V, 49.

Così la tradizione riportata da Livio, ripetiamo: fatto sta che i Galli saccheggiarono la città senza riuscire ad espugnare l'arce capitolina, si diressero nel *Latium* dove subirono una grave disfatta ad opera degli Etruschi di *Caere* che tolsero loro il bottino preso a Roma[91], e ritornarono nei loro territori piceni, a *Saena Gallica*.

La crisi dovuta al sacco di Roma ad opera dei Galli Senoni, però, portò ad una recrudescenza delle lotte con i Volsci, gli Equi e con gli Etruschi.

Gli storici riferiscono che nel 365- 389 gli Etruschi, i Volsci e gli Equi si sollevarono tutti insieme nella speranza di rovesciare il potere romano. Secondo Livio buona parte dell'Etruria si riunì presso il santuario del *Fanum Voltumnae* per formare un'alleanza ostile a Roma

Scrive ancora Livio che ai Romani non venne concesso di riflettere a lungo con serenità sui progetti di ricostruzione del paese dopo un disastro tanto grave. Da una parte i Volsci avevano infatti preso le armi determinati a cancellare dalla faccia della terra il nome di Roma. Dall'altra, stando a quanto riferivano certi mercanti, i capi di tutti i popoli dell'Etruria si erano riuniti presso il santuario di Voltumna e avevano stretto un patto di guerra. Un nuovo motivo di allarme venne poi aggiunto dalla defezione di Latini ed Ernici, che per quasi cent'anni, cioè dai tempi della battaglia combattuta presso il lago Regillo, avevano mantenuto sempre una leale amicizia con il popolo romano. Così, visto il gran numero di minacce provenienti da ogni dove, ed essendo chiaro a tutti che ormai il nome di Roma non era soltanto oggetto di odio da parte dei nemici, ma anche di disprezzo da parte degli alleati, si decise di difendere il paese sotto gli auspici dello stesso personaggio che ne aveva propiziato la riconquista, e di nominare perciò dittatore Marco Furio Camillo. Questi, nella sua veste di dittatore, scelse come proprio maestro di cavalleria Gaio Servilio Aala e, dopo aver proclamato la sospensione dell'attività giudiziaria, organizzò una leva militare di giovani, facendo in modo però di distribuire in centurie, dopo un giuramento di obbedienza, anche i veterani dotati di un certo vigore fisico. Dopo aver così arruolato ed armato l'esercito, lo suddivise in tre parti. La prima, la stanziò nel territorio di Veio col cómpito di fronteggiare gli Etruschi. Alla seconda diede ordine di accamparsi di fronte a Roma, e ne affidò il comando al tribuno militare Aulo Manlio, mentre pose a capo delle truppe inviate contro gli Etruschi Lucio Emilio. La terza parte dell'esercito la guidò lui in persona contro i Volsci[92]

Camillo piombò presso Bola sull'esercito degli Equi, che «*stavano macchinando un attacco*», e si impadronì dell'accampamento nemico e della città. Nel frattempo i Volsci si erano mossi per annientare la potenza romana, mentre gli Etruschi si erano costituiti in una lega militare e i Latini e gli Ernici, che fin dalla battaglia del lago Regillo non avevano destato preoccupazione, avevano defezionato. Scrive Plutarco:

> A lavori non ancora ultimati, vengono presi alla sprovvista da una guerra: Equi, Volsci e Latini piombano sul loro territorio e gli Etruschi cingono d'assedio la città di Sutri, alleata dei Romani. I tribuni militari in capo, accampati ai piedi del monte Mecio, erano bloccati dai Latini e correvano il pericolo di perdere il campo, così mandarono l'avviso a Roma e Camillo fu nominato dittatore per la terza volta.

---

[91] Strabone, *Geographikà*, V, 2, 3.
[92] Liv., VI, 2,2

A questo punto Camillo si diresse contro gli Etruschi.
Livio e Plutarco, e più sommariamente Diodoro Siculo, narrano degli scontri tra Roma e gli Etruschi in modo molto simile.. Mentre Camillo stava ancora combattendo contro i Volsci, gli Etruschi posero sotto assedio *Sutrium*, città alleata di Roma. I Sutrini inviarono a Roma loro ambasciatori per richiedere un aiuto romano e Camillo, dopo aver battuto Volsci e Equi, poté marciare in loro aiuto, ma poiché non era giunta in precedenza alcun'assistenza da parte romana, Sutrium era stata costretta ad arrendersi, togliendo agli abitanti il grosso delle armi e lasciandogliene una sola a testa. Avendo incontrato alcuni abitanti di *Sutrium* esiliati quello stesso giorno, Camillo ordinò di lasciarsi i bagagli alle spalle e marciò con il suo esercito fino alla città, dove trovò il nemico ancora occupato a saccheggiarla. Il dittatore romano ordinò allora di far chiudere tutte le porte della città e attaccò gli Etruschi prima che questi potessero riorganizzare le proprie forze. Questi ultimi, ora intrappolati, cominciarono a combattere contro i Romani, ma quando seppero che sarebbe stata risparmiata la vita in caso di resa, abbandonarono le armi in gran numero e fecero atto di sottomissione. *Sutrium* venne quindi catturata due volte nello stesso giorno. Secondo Tito Livio, Mentre le cose andavano più che bene in quel settore dove c'era Camillo, pilastro dello Stato romano, un altro settore era minacciato da un grosso pericolo. Quasi l'intera Etruria in armi assediava Sutri, città alleata del popolo romano. Ambasciatori di Sutri si erano presentati di fronte al senato con la richiesta d'aiuto in un momento tanto critico, e si era decretato che il dittatore intervenisse al più presto in loro soccorso.
Ma gli assediati versavano in tali condizioni da non poter attendere che questa speranza si realizzasse e i pochi difensori erano ormai esausti per la fatica, per i turni di guardia e per le ferite che toccavano sempre agli stessi uomini; così, patteggiata la resa, avevano consegnato la città ai nemici, e stavano abbandonando disarmati le loro case in una colonna straziante ciascuno con il solo vestito che indossava. Proprio in quel momento, per puro caso arrivò Camillo con l'esercito romano. Quella triste massa di profughi gli si gettò ai piedi e i personaggi più influenti della città gli rivolsero parole di supplica dettate dall'amara necessità e accompagnate dal pianto delle donne e dei bambini che essi si trascinavano dietro come compagni del proprio esilio, Camillo ordinò ai Sutrini di smettere di lamentarsi, dicendo che erano gli Etruschi quelli a cui egli era venuto a portare lacrime e lutti. Ordinò ai suoi di deporre i bagagli, ai Sutrini di fermarsi lì, sotto la protezione di un modesto presidio, alle proprie truppe di portare con sé le sole armi. Così, con l'esercito libero da impacci, partì alla volta di Sutri dove trovò ciò che aveva supposto e cioè tutto incustodito, come di solito accade dopo un successo: nessun uomo di guardia davanti alle mura, le porte aperte, e i vincitori dispersi alla caccia di bottino nelle case. Pertanto Sutri venne presa per la seconda volta nel corso di quello stesso giorno. Gli Etruschi vincitori vennero trucidati qua e là dal nuovo nemico, senza che venisse loro dato il tempo di inquadrarsi e di raccogliere le forze o di prendere le armi. Quando tentarono, ciascuno per conto proprio, di raggiungere le porte per vedere se mai riuscissero a fuggire per i campi, le trovarono sbarrate (era stato quello il primo ordine di Camillo). Così alcuni afferrarono le armi, mentre altri, casualmente sorpresi dall'attacco improvviso con ancora le armi addosso, cercarono di chiamare a raccolta i propri compagni per combattere. E lo scontro sarebbe stato anche accanito vista la disperazione dei nemici, se degli araldi inviati in giro per la città non avessero ingiunto di deporre le armi e di risparmiare quelli che erano disarmati: nessuno, salvo quelli con

le armi addosso, doveva subire alcuna violenza. E allora, anche quanti avevano deciso come estrema prospettiva di lottare sino alla morte, ora che veniva loro offerta la speranza di salvarsi la vita, buttarono le armi dove capitava e si presentavano disarmati al nemico (perché la sorte volle fosse questa la soluzione meno pericolosa). Una grande quantità di prigionieri venne distribuita tra i diversi posti di guardia. Prima del calar della notte la città venne restituita ai Sutrini, intatta e del tutto priva di tracce di guerra, perché non era stata presa con la forza ma aveva capitolato.[93]

La narrazione di Plutarco è molto simile, forse sulla base di una fonte annalistica comune.

> Ancora non sapeva che cosa era accaduto a *Sutrium*, ma, credendola sempre in pericolo per l'assedio degli Etruschi, correva in suo aiuto. Gli abitanti avevano già dovuto consegnare la loro città ai nemici e se ne erano andati senza nient'altro che un mantello. Quando incontrarono Camillo per la via, erano con mogli e figli e gemevano per le loro sventure. Di fronte a ciò Camillo stesso si commosse e, vedendo che anche i Romani, con i Sutrini che li abbracciavano, piangevano e si indignavano per quello che era successo, decise di non rimandare la vendetta, ma avanzò verso *Sutrium* subito, quello stesso giorno.
>
> Pensava che vi avrebbe sorpreso degli uomini del tutto infiacchiti e non all'erta, perché avevano appena preso una città fiorente e ricca, non vi avevano lasciato nemmeno un nemico e non ne aspettavano dall'esterno. E non si sbagliava: non solo passò inosservato quando percorse il territorio, ma anche quando giunse alle porte e si impossessò delle mura. La sorveglianza era inesistente: erano impegnati a bere e a far baldoria, dispersi qua e là nelle case. Quando si accorsero di essere ormai nelle mani dei nemici, erano in uno stato tale per il tanto mangiare e bere, che molti non cercarono neanche di fuggire, ma aspettarono di morire nelle case nel modo più vergognoso o si consegnarono al nemico spontaneamente. Fu così che la città di Sutri fu presa due volte in un solo giorno, persa da chi se ne era impossessato e riconquistata da chi ne era stato cacciato, grazie a Camillo[94].

Camillo tornò a Roma per celebrare il trionfo per le sue vittorie in tre guerre simultanee. La stragrande maggioranza di prigionieri che fece marciare davanti al proprio carro erano Etruschi. Dalla loro vendita all'asta venne ricavata una tale quantità di denaro che, dopo aver ripagato le matrone per l'oro offerto allo Stato, quanto restava bastò per la costruzione di tre coppe d'oro sulle quali –Livio sottolinea *come è noto a tutti* segno che esistevano ancora in età augustea- venne inciso il nome di Camillo e che fino all'incendio del Campidoglio furono conservate nella cella del tempio di Giove ai piedi della statua di Giunone. Nel corso di quell'anno fu concessa la cittadinanza a quanti, tra i Veienti, i Capenati e i Falisci, erano passati dalla parte dei Romani durante quelle guerre e a questi nuovi cittadini furono assegnati degli appezzamenti di terra. Con un decreto del senato vennero richiamati in città anche coloro che, essendo troppo pigri per ricostruire in Roma, si erano trasferiti a Veio andando ad occupare delle case

---

[93] Liv., VI, 3.
[94] *Camillo*, 35, 1-4.

trovate vuote. Dapprima si levarono gli strepiti di chi respingeva l'ingiunzione. Ma poi la designazione di una data precisa e la minaccia di pena di morte per chi si fosse rifiutato di rientrare a Roma piegò all'obbedienza, uno per uno, i recalcitranti in massa, non appena ciascuno di essi cominciò a temere per se stesso. E non solo Roma cresceva in numero di abitanti, ma dovunque sorgevano contemporaneamente nuovi edifici: lo Stato contribuiva a coprire le spese di costruzione, mentre gli edili sovrintendevano alle costruzioni come se si fosse trattato di lavori pubblici e i privati cittadini stessi - spinti dal desiderio di farne uso - si sbrigavano a portare a termine l'opera. Così nell'arco di un anno, venne tirata su una nuova città[95].

Una delle più importanti città dell'Etruria, centro di commerci e di produzione artistica, era *Kaysra,Caere*, l'odierna Cerveteri, che come s'è visto aveva appoggiata Roma contro Veio.

Quando Brenno con le sue truppe attaccò Roma, i Romani spaventati trasferirono gli oggetti più sacri della città, i *Sacra Pignora* e i Libri sibillini, non in una località latina, bensì nell'etrusca *Caere*. E poco dopo, quando le truppe vittoriose dei galli si spostarono da Roma di nuovo verso nord, i ceretani riuscirono a sottrarre ai Galli il bottino e a restituirlo ai romani, come ricordato da Strabone:

> Ci basti quanto già detto riguardo alla fama dei Tirreni, mentre si potrà aggiungere una notizia sui Ceretani. Costoro sconfissero quei Galli che avevano preso Roma, avendoli attaccati mentre erano diretti verso il territorio sabino, e con la forza li privarono delle ricchezze che i Romani gli avevano consegnato. Oltre a ciò salvarono i Romani che si erano rifugiati presso di loro, insieme al fuoco sacro ed alle sacerdotesse di Vesta[96].

A dimostrazione di quanto stretti e amichevoli fossero ancora nel IV secolo a.C. i rapporti tra le due città si può ricordare la notizia secondo la quale gli aristocratici romani preferivano mandare i loro figli a Cerveteri per lo studio della lingua greca. In considerazione di questi rapporti di buon vicinato non meraviglia che gli abitanti di Cerveteri siano stati i primi in Etruria a ricevere la *civitas sine suffragio*, nel 419 a.U.c.- 335 a.C., e con essa la condizione di *quasi* cittadini romani, che - a prescindere dal diritto di voto a Roma - li equiparava ai *cives romani* sotto l'aspetto giuridico e sociale.

Tuttavia questa onorificenza, di alto valore storico per gli studiosi, segnò allo stesso tempo un momento di svolta nelle vicende e nei rapporti tra questi due potenti centri confinanti: per la prima volta, infatti, si ruppe l'equilibrio e Roma prese il sopravvento. Solo poco tempo dopo i ceretani si sarebbero accorti in modo molto doloroso che *de facto* la concessione dei diritti di cittadinanza non era altro che un primo velato attentato alla libertà della loro città. Un presunto complotto con Tarquinia ai danni di Roma servì come pretesto per sciogliere il gemellaggio tra le due città.

Per scongiurare l'attacco militare incombente, *Caere* si vide costretta a cedere a Roma una parte del proprio territorio, e dal 481 a.U.c.- 273 a.C., con la fondazione lungo la costa ceretana delle colonie di *Fregenae*, *Alsium*, *Pyrgi* e *Castrum Novum*, il territorio dell'Etruria meridionale fu definitivamente assoggettato al controllo romano[97].

---

[95] Liv., VI, 4.
[96] Strabone, *Geographikà*, V, 2, 3.
[97] F. Prayon, *Gli Etruschi*, trad. it. Bologna 1999, pp.60- 61.

Scrive ancora Strabone:

> Ma pare poi che i Romani per colpa di quelli che allora amministravano la loro città non si ricordassero bene della gratitudine a cui li obbligava un tal beneficio: perché quando concessero ad altri il diritto della cittadinanza, non iscrissero i Ceriti fra i cittadini; ed anzi registrarono nelle tavole di quel popolo i nomi di coloro che non erano partecipi di quel diritto. Tuttavolta presso gli Elleni divenne illustre quella città per il valore e per la giustizia, giacché si astenne dai ladronecci sebbene fosse potente, e consacrò a Delfo il tesoro detto degli Agillei: ché in antico si chiamava *Agylla* quella città che ora è *Caere*; ed è fama che la fondassero quei Pelasgi che vennero colà dalla Tessaglia. Quando poi quei Lidi che pigliarono il nome di Tirreni mossero guerra agli Agillei, uno di loro accostandosi al muro domandò qual fosse il nome della città; al quale uno dei Tessali ch'erano sulle mura, in luogo di risposta, gridò Καιρε (cioè *addio*): e i Tirreni ricevendo l'augurio, com'ebbero presa la città, sostituirono questo nome all'antico. Ma ora d'una città così splendida e così illustre rimane sol qualche avanzo; e sono invece più popolate le terme ad essa vicine, e denominate Terme Ceretane, a motivo di coloro che vi concorrono per curar la salute.

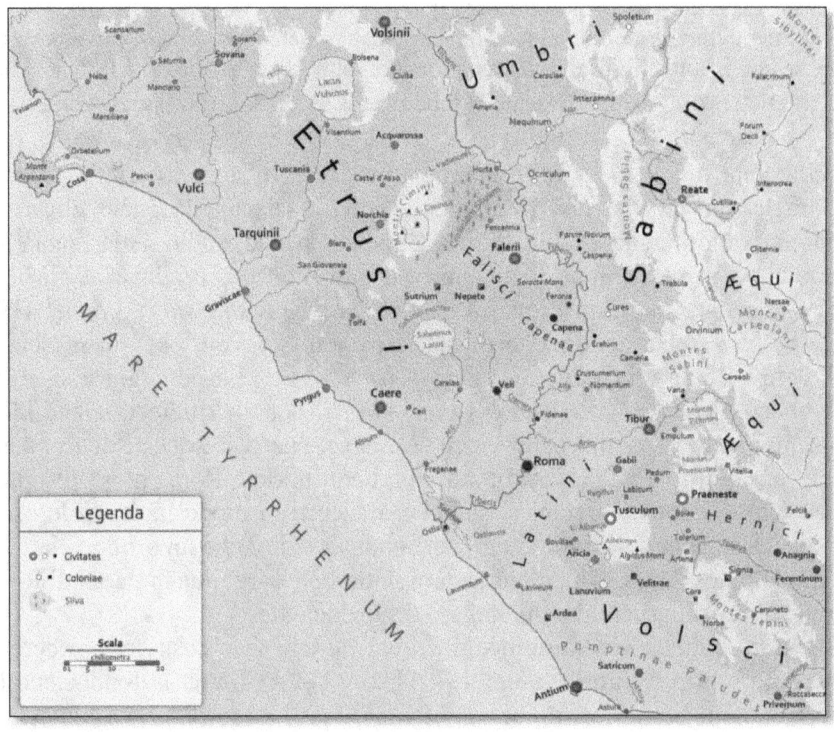

L'Etruria nel 389 a.C.

LE GUERRE CONTRO TARQUINIA, 388- 353

HALF-BURIED GATEWAY IN THE WALLS OF TARQUINII.

Tarquinia (l'etrusca. *Tárchuna, Tarchna*; gr. Ταρκυνία; lat. *Tarquinii*) fu capitale di uno tra i più grandi e potenti stati dell'antica confederazione etrusca, esteso dal mare al Lago di Bolsena; e la sua posizione dominante, allo sbocco del fiume Marta sul litorale Tirreno, ne favorì lo sviluppo culturale ed economico in relazione con i paesi del retroterra e con gli altri centri costieri.

La leggenda etrusca ne riportava la fondazione all'eroe Tarconte (*Tarchunu*), discepolo del genio Tagete e depositario della sacra scienza dell'aruspicina.

Le origini del centro abitato risalgono probabilmente all'inizio del primo millennio a. C. e coincidono con lo sviluppo della cultura dell'età del ferro in Italia. I ricchi corredi funebri e i grandi sepolcri architettonici attestano la floridezza di Tarquinia già alla fine del sec. VIII e nel VII a. C. In questo periodo, come anche nel VI secolo, la città dovette esercitare sull'Etruria marittima una funzione politica di primo piano; diede a Roma, secondo la leggenda, la dinastia dei *Tarquinii*; Tarquinia partecipò alle lotte per l'egemonia etrusca nel Lazio.

Dopo il 500 a. C. Tarquinia, come le altre città etrusche, entrò in un lungo periodo di crisi politica ed economica, da porre in relazione con lo sviluppo della potenza delle colonie greche nel Tirreno. Al principio del sec. IV si manifestò la minaccia di Roma che, distrutta Veio, cominciò a premere sui confini dello stato tarquiniese. Una serie alterna di conflitti culminò nella guerra del 358-351 a. C., che fu un vano tentativo da parte dei Tarquiniesi di stroncare la potenza romana in Etruria. Fu pattuito un trattato di pace di 40 anni, e in seguito Tarquinia entrò pacificamente, come stato federato, nell'orbita politica di Roma. Dopo la concessione della cittadinanza agli alleati (90 a. C.), la città fu municipio ed ebbe particolare splendore sotto gli Antonini. La città etrusca sorgeva sullo sperone roccioso del colle Piano di Civita: restano gli avanzi della grande cinta a blocchi squadrati, interrotta da porte, riferibile al sec. IV-III a. C.; tracce di abitazioni e di un santuario con i suoi ex voto. L'orientamento delle strade sembra quello regolare della *castrametatio*, a vie parallele e incrociate, che i Romani appresero dagli Etruschi. Sull'altura orientale del colle s'incontrano invece di preferenza ruderi di edifici di età romana, come le cosiddette Terme Tulliane che restituirono musaici e iscrizioni, e il grande podio a blocchi, che costituiva la sostruzione di un tempio, detto *Ara della Regina*.

I sepolcreti si estendono tutti attorno alla città; ma la necropoli più ricca ed estesa occupa il Colle dei Monterozzi, parallelo al Piano di Curta, partendo dall'area della città odierna. L'interesse maggiore della necropoli tarquiniese è costituito dalle tombe a camera sotterranea adorna di pitture, riferibili a scene di vita (banchetti, giochi funebri, culto, ecc.) o di morte (il defunto sul letto, rimpianto intorno al defunto), a immagini dell'oltretomba (viaggio agl'Inferi, Averno etrusco e suoi abitatori). Esse costituiscono la più ampia e continua documentazione dello sviluppo della pittura etrusca dal sec. VI al II a. C. Di una cinquantina di tombe dipinte note, sono tuttora visibili quelle delle Leonesse, della Caccia e Pesca, della Pulcella, dei Leopardi, del Letto funebre, del Triclinio, dei Baccanti, della Caccia al cinghiale o Querciola, dei Festoni, del Morto, del Tifone, degli Scudi, del Cardinale, di Polifemo o dell'Orco, del Vecchio, dei Vasi dipinti, del Barone, delle Due bighe o di Francesca Giustiniani, dei Tori, del Morente, delle Iscrizioni, della Corsa delle bighe, del Mare, degli Auguri, del Pulcinella. Notevoli sono anche le tombe a tumulo (del sec. VII-VI) che dànno un aspetto caratteristico alla zona della necropoli.

Tra il 1934 e il 1946 sono state condotte ricerche sistematiche nell'area della città, sul colle della Civita. Esse, mentre hanno provato in modo indubbio la continuità topografica fra il centro più antico etrusco e la città romana, hanno fatto riconoscere di quello tutto il perimetro delle mura, lungo oltre 8 km. e disteso ad abbracciare un pianoro, dai fianchi scoscesi, protendentesi verso ponente, e varî altri poggi dietro a questo, dalla parte di levante, più l'acuta punta della Castellina. La cerchia è costruita in opera quadrata di tufo e, sia nel tipo costruttivo, sia nel tracciato in rapporto all'efficacia difensiva del sistema, presenta notevoli analogie con le cosiddette mura serviane di Roma del IV sec. a. C., delle quali è anche verosimilmente coeva. Di più porte e di talune delle strade di accesso alla città è stato fissato il sito.

Gli scavi, oltre a riportare in luce diversi resti di antichi edifici, hanno chiarito la natura e la costruzione della cosiddetta Ara della Regina. Si tratta di un enorme basamento (m. 77,15 × 35,55) sul quale sorgeva un tempio preceduto da una monumentale scalea: il tempio (m. 44 × 25,35) aveva pronao molto profondo e cella forse divisa in due parti nel senso della lunghezza, con tre nicchie o grande basamento nel fondo. Colonne e capitelli erano in nenfro, trabeazione e decorazione in legno e terracotta. Della decorazione sono stati recuperati frammenti di antepagmenta e cornici, e, soprattutto prezioso, un gruppo ad altorilievo con due cavalli alati, parte dell'ornamento frontonale. Tutti gli elementi inducono ad attribuire l'edificio al IV-III sec. a C. Esso dovette però avere una fase più antica, della quale sono stati rinvenuti avanzi costruttivi e indizî sicuri, e continuare ad essere frequentato in età romana: di questa età è una vasca di fontana in marmo, con iscrizione presso l'angolo nordorientale della scalea. È molto probabile che il tempio segni uno dei punti di maggiore importanza, topografica e religiosa, della città della quale intanto si può dire ch'ebbe ampiezza e sviluppo urbanistico forse non minori né diversi da quelli di molte città ellenistiche.

Caduta Veio in mano dei Romani, l'anno 394, ed entrata Cerveteri nell'orbita di Roma, Tarquinia viene a trovarsi improvvisamente sotto la diretta minaccia dell'espansionismo romano e il possesso della piazzaforte di Sutri da parte di Roma costituisce una vera spina al fianco del territorio tarquiniense. La situazione, gravida di pericoli soprattutto per Tarquinia, non poteva che dar luogo a una guerra. Le fonti storiche - tutte di parte romana - riferiscono di una prima guerra scoppiata subito dopo il "sacco" di Roma ad

opera dei Galli Senoni intorno al 390, con un assedio posto dai Tarquiniensi a *Sutrium*, combattimenti nel territorio di Tarquinia che portarono i Romani a conquistare le due città, ancora non identificate, di *Cortuosa* e *Contenebra*.
La prima venne assaltata di sorpresa e cadde al primo assalto. A *Contenebra* una piccola guarnigione tentò di resistere, ma dopo pochi giorni venne sopraffatta dalle forze romane di molto superiori in numero..
Se per il periodo fino alla difesa di *Sutrium* si possono utilizzare Plutarco e Dionigi di Alicarnasso, per i conflitti successivi Livio costituisce l'unica fonte scritta.

> A fine anno si tennero le elezioni di tribuni militari con potestà consolare. L'incarico lo ottennero Tito Quinzio Cincinnato, Quinto Servilio Fidenate (per la quinta volta), Lucio Giulio Iulo, Lucio Aquilio Corvo, Lucio Lucrezio Tricipitino e Servio Sulpicio Rufo. Essi guidarono un esercito contro gli Equi, non con intenzioni belliche - gli Equi si definivano vinti -, ma spinti dall'odio a devastarne il territorio per non lasciar loro alcuni risorsa da impiegare in nuovi progetti di guerra. Con un secondo esercito, invasero invece il territorio di Tarquinia, dove presero con la forza le città etrusche di Cortuosa e Contenebra. A Cortuosa non vi fu lotta: con un attacco a sorpresa la presero al primo urlo di guerra e al primo assalto, per poi saccheggiarla e quindi darla alle fiamme. Contenebra resse invece l'assedio per alcuni giorni, ma l'incessante impegno armato, giorno e notte, senza alcuna tregua ebbe ragione dei suoi abitanti. Siccome l'esercito romano era stato diviso in sei contingenti ciascuno dei quali combatteva per sei ore a turno mentre gli assediati erano così pochi che toccava sempre agli stessi uomini stremati il cómpito di opporsi a forze sempre fresche, alla fine questi ultimi cedettero, e i Romani furono in grado di irrompere in città. L'intezione dei tribuni sarebbe stata quella di destinare il bottino alle casse dello stato, ma furono meno pronti nell'impartire gli ordini che nel decidere: mentre tardavano, il bottino era già in mano ai soldati e non poteva più esser loro sottratto se non suscitandone il risentimento[98]

La conclusione delle operazioni belliche pare fosse senza vinti nè vincitori (anche se fu Tarquinia a fallire il suo scopo, costretta a riconoscere la nuova realtà dello stato romano che aveva esteso i suoi confini ben oltre la linea del Tevere e a prendere atto di una situazione di equilibrio che, a lungo andare, non poteva che risolversi a favore di Roma).
Gli storici moderni hanno posto in dubbio la storicità di questa prima guerra o, almeno, considerato molti dei suoi episodi come duplicazione, retrodatata, di quanto in realtà successe in seguito. La vera guerra fra Tarquinia e Roma dovette essere così quella che gli antichi ci hanno tramandato come seconda: quella scoppiata nel 358 e durata fino al 351. L'occasione ne fu, secondo Livio, una scorreria dei Tarquiniensi sul confine romano, quasi certamente dalle parti di *Sutrium*, conclusasi con una sconfitta dei Romani atterriti, sempre secondo Livio, da una turba di sacerdoti urlanti che precedevano i soldati tarquiniesi agitando nelle mani serpenti e fiaccole accese.
A questo episodio seguì il massacro di 307 prigionieri romani nel Foro di Tarquinia dopo di che, l'anno 356 si ebbe la prima vera operazione militare, condotta da Tarquinia che, con una ardita mossa strategica, spinse il suo esercito, attraverso il territorio costiero di *Caere*, fino alla foce del Tevere. L'incursione dovette avere un iniziale

---

[98] Liv., VI, 4.

successo, non foss'altro per la sorpresa e l'audacia se sono vere le notizie che riferiscono della conquista tarquiniese di numerosi centri del territorio romano, ma fu alla fine bloccata e stroncata dai Romani nella regione delle Saline tiberine. E a sottolineare l'insuccesso di Tarquinia c'è la notizia della vendetta dei Roma che nel loro Foro che vide, nel 354, l'uccisione trecentocinquantotto prigionieri tarquiniensi.

Questa volta però abbiamo anche una fonte etrusca, anche se molto frammentaria risalente all'età romana, ovvero i frammenti degli *Elogia Tarquiniensia* dedicati a membri della nobile famiglia Spurinna[99].

Nella prima età imperiale, nel foro di Tarquinia, almeno tre iscrizioni su marmo vennero poste sulle basi di statue erette in onore di appartenenti alla famiglia Spurinna, documentata a Tarquinia almeno dal VI secolo a.C.[100], e che Torelli ipotizza loricate, come le statue dei condottieri della Roma repubblicana nel Foro di Augusto a Roma; dette statue vennero erette vicino all'altra principale iscrizione del foro cittadino, che conteneva un elenco cronologico degli aruspici cittadini: ciò sembra provare come sia possibile che gli Etruschi redigessero liste di magistrati e di relativi atti, proprio come facevano i Romani nei loro *Annales Maximi* conservati dai pontefici[101].

Va ricordato come il più antico documento della presenza etrusca a Roma (inizi secolo VI a.C.) sia un leoncino d'avorio recante sul retro l'iscrizione *Araz Silqetenas Spurianas* menzionante un membro della *gens*[102].

Massimo Pallottino, da parte, identifica il personaggio principale della tomba dell'Orco I con *Aulus Spurinna*, personaggio protagonista del secondo *Elogium* (frammenti 3/4).

L'iscrizione ci informa che *Aulus Spurinna*, figlio di uno dei due Velthur, fu *praetor* per tre volte e rimosse dal potere (*imperio expu[lit]*) o rimise sul trono (*imperio expu[lsum restituit]*) – entrambe le integrazioni sono possibili- un re di *Caere* il cui nome sembra essere *Orgolnius*[103] (in questa parte il testo è molto lacunoso); e probabilmente vinse una guerra servile ad *Arretium* e conquistò nove *oppida* latini; inoltre ebbe anche dei rapporti con i Falisci.

Come scrive ancora Torelli[104], fu nel frangente narrato nei frammenti 3/4 degli *Elogia* che Roma dovette affrontare da un lato quello che diverrà il *tumultus Etruscus* per

---

[99] Sugli *Elogia Tarquiniensia* cfr. Romeo di Colloredo 2023, in appendice.
[100] Alla famiglia Spurinna appartennero probabilmente alcune delle più importanti tombe dipinte della necropoli dei Montarozzi, quelle dei Tori, dell'Orco I e dell'Orco II.
[101] Smith, *Gli etruschi*, cit., p. 104
[102] Sugli Spurinna, fondamentale M. Torelli, Gli Spurinas. Una famiglia di principes nella Tarquinia della "rinascita", Roma 2015, v. anche M(auro) C(ristofari), in Dizionario illustrato della civiltà etrusca, Firenze 1999 s.v.; M. Pallottino, Etruscologia, 7a ediz., Milano 1984, pp.236 segg., 242 segg.
[103] Smith legge *Orgolnius Velthume*. Secondo l'archeologo britannico Orgolnio potrebbe essere antenato di Urgulania, amica di Livia e sposa di Plauzio Laterano, e di Urgulanilla, prima moglie di Claudio. Il fatto che costoro avessero sposati appartenenti all'aristocrazia senatoria ed addirittura membri della famiglia imperiale indica l'importanza sociale delle antiche famiglie di origine etrusca (Smith, op. cit., pp. 127- 128).
[104] M. Torelli, "M. Torelli, "L'Etruria di Virgilio: immaginario e realtà", *Magno e Latio totaque Ausonia: etnografia virgiliana e Italia augustea, Mélanges de l'Ecole française de Rome*, 129- 1 (2017), pp. 5-6.

antonomasia, ossia l'arrivo delle truppe di Tarquinia alle porte di Roma, dall'altro la defezione di *Caere* del 353 a.C.

L'evento-chiave, che potrebbe aver spinto in direzione di una rielaborazione dell'intero mito, deve essere stato proprio quest'ultimo, il passaggio al fianco di Tarquinia della città di *Caere* legata da antica alleanza con Roma, alla quale aveva fornito la salvezza in occasione dell'invasione gallica: per Roma infatti *Caere* costituiva un formidabile strumento economico per l'espletamento di cruciali attività mercantili.

La tradizione annalistica, che appare riflessa in Livio[105], sembra attribuire ad alcuni *iuvenes* intemperanti scesi in battaglia al fianco dei Tarquiniesi, se non la defezione di *Caere*, certo il principale contributo ceretano alla guerra; la versione etrusca (e tarquiniese in particolare) è rispecchiata invece dagli *Elogia Tarquiniensia*, che autorizzano a connettere il cambiamento di fronte di *Caere* con un radicale mutamento istituzionale della città, la detronizzazione (o la restaurazione sul trono?) di *Orgolnius*, qualificato come *Caeritum rex*, avvenuta ad opera di *Aulus Spurinna*[106].

Il testo dell'*Elogium*, purtroppo lacunoso, dopo il nome *Orgolnius* seguito forse dall'etnico (o patronimico?) *Velthurne[nsem...]* consente infatti di integrare sia *Caeritum regem imperio expu[lit]* che *Caeritum regem imperio expu[lsum restituit]*[107].

Le imprese di *Aulus Spurinna*, come abbiamo detto, vanno collegate, quasi sicuramente, nell'ambito della guerra tra Tarquinia e Roma del 358-351, e più precisamente, nell'episodio in cui gli Etruschi, nell'impossibilità di sfondare il fronte romano di Sutri, tentarono di prendere i Romani alle spalle risalendo il Tevere attraverso il territorio di *Caere*.

Ideatore del piano e capo degli Etruschi coalizzati fu sicuramente il *praetor* di Tarquinia *Aulus Spurinna*; fu forse durante questa vicenda che ebbe a che fare con il re cerite Orgolnio come riporta l'epigrafe, che fu deposto o restaurato sul trono dai tarquiniensi. L'attacco contro Roma, il *tumultus Etruscus*, si concluse con la dura sconfitta degli Etruschi che furono fermati dai Romani presso le Saline di Ostia, come ricordato da Livio.

Anche la vicenda di Arezzo evidenzia la potenza e il che prestigio di *Aulus*.

frammento 2[108]

    [Velthu]r Spuri[nna]
    [Velthur]i[s---

Velthur Spurinna figlio di Velthur...

frammenti 3-4

    A(ulus) S[pu]rinna V[elth]ur[is F]
    pr (aetor) (ter); Orgoln [iu] m Velthurne [---] ensi [---]

---

[105] Liv. VII, 19, 8.
[106] Torelli,"Elogia", cit., pp. 70-80.
[107] Torelli, "L'Etruria di Virgilio", cit., p. 6.
[108] Il frammento 1 fa riferimento alla già citata spedizione di Velthur I Spurinna in Sicilia in appoggio agli Ateniesi durante la guerra del Peloponneso.

caeritum regem imperio expu[lit---]xi[---]
A[rretium] bello servili v[exatum liberavit?]
[La]tinis novem op[pida---]

Aulus Spurinna figlio di Velthur fu Pretore per tre volte. Tra le imprese compiute scacciò da [?] il re di Caere Orgolnio [figlio di?] Velthur di, liberò Arezzo oppressa dalla guerra servile e occupò nove fortezze dei Latini...

frammento 5

[---] un [---]
[---] pr (aetor) [---]
[---] ma [---]
[---] a [---]

frammento 6

cep [i---]
falis [c---]

Prese [?] Falisc---

Un altro personaggio che compare negli *Elogiia* è forse *Velthur* II (frammento 2) che, secondo il Torelli, è il giovane rappresentato presso il personaggio principale nella tomba dell'Orco I e ne colloca le imprese attorno al 374- 376 a.U.c.- 380-378 a.C., all'epoca delle invasioni galliche e delle fasi iniziali della penetrazione romana in Etruria che videro la conquista delle fortezze di Cortuosa e Contenebra nel territorio di Tarquinia, nel 366 a.U.c. 388 a.C.[109].

> Con un secondo esercito, invasero invece il territorio di Tarquinia, dove presero con la forza le città etrusche di Cortuosa e Contenebra. A Cortuosa non vi fu lotta: con un attacco a sorpresa la presero al primo urlo di guerra e al primo assalto, per poi saccheggiarla e quindi darla alle fiamme. Contenebra resse invece l'assedio per alcuni giorni, ma l'incessante impegno armato, giorno e notte, senza alcuna tregua ebbe ragione dei suoi abitanti. Siccome l'esercito romano era stato diviso in sei contingenti ciascuno dei quali combatteva per sei ore a turno mentre gli assediati erano così pochi che toccava sempre agli stessi uomini stremati il cómpito di opporsi a forze sempre fresche, alla fine questi ultimi cedettero, e i Romani furono in grado di irrompere in città

Gli altri eventi di questi anni che riguardano Tarquinia non sono riportati dalle fonti per cui le attività di *Velthur* II sono destinate a rimanere oscure[110].
L'anno successivo (367 a.U,C.- 387 a.C.), ancora gli Etruschi si ribellarono e i Romani furono costretti a chiedere a Camillo di intervenire, mentre egli era appena stato eletto

---

[109] Liv , VI, 4).
[110] E. Massi, Gli '*Elogia degli Spurinna*'", Bollettino della Società Tarquiniese di Arte e Storia, 21, 1992, p.42.

con altri cinque membri, tribuno consolare per il 386 a.C.. Tuttavia Camillo fu costretto ad intervenire contro i Volsci che avevano invaso il territorio Pontino.[70] Ancora una volta, approfittando del fatto che Roma era occupata lungo il fronte meridionale contro i Volsci, gli Etruschi attaccarono le roccaforti di *Nepet* e *Sutrium*. Fortunatamente Camillo riuscì a battere i Volsci rapidamente e Roma era riuscita a mettere in campo un secondo esercito.

Fu così possibile unire le forze dei due eserciti, posti sotto il comando di Camillo e dell'altro tribuno consolare, P. Valerio Potito Poplicola, e condurre ora la guerra contro le forze etrusche. Presto le truppe romane giunsero a *Sutrium*, che gli Etruschi erano riusciti ad occupare per metà. L'altra parte si difendeva con grande accanimento, strada per strada, barricata per barricata. Camillo divise il suo esercito in due parti, ordinando al suo collega di attaccare le mura dal lato in cui il nemico ne era venuto in possesso. Gli Etruschi così aggrediti da dentro e fuori dalla città, vennero costretti a ritirarsi lasciando sul campo numerosi morti.

Dopo aver occupato nuovamente *Sutrium*, l'esercito romano marciò su Nepet, che da poco si era arresa agli Etruschi a causa del tradimento di alcuni cittadini. Camillo provò in prima istanza a convincere i Nepesini a cacciare gli Etruschi, ma al loro rifiuto, assaltò e catturò la città. Vennero, quindi, trucidati tutti gli Etruschi e gli abitanti di *Nepet* che si erano schierati dalla loro parte[111].

Venne infine lasciato un presidio romano a guarnigione della città

Va detto che questa narrazione sembrerebbe essere una ripetizione della precedente campagna in soccorso di *Sutrium*, fatto non inconsueto in Livio.

Le molte somiglianze tra i racconti delle campagne del 386 a.C. e del 380 a.C. - dove in entrambi i casi Camillo è il dittatore che prima sconfigge i Volsci e poi corre in aiuto di *Sutrium* - ha destato in molti studiosi moderni dubbi sulla storicità del ripetersi di questi eventi. Questa fu la posizione assunta da Karl Julius Beloch, il quale riteneva che, poiché il sacco gallico ebbe effetti gravi e duraturi sulle sorti di Roma, appaiono alquanto inverosimili le vittoriose e quasi contemporanee campagne militari di Camillo condotte contro Etruschi e Volsci. Tali racconti sono per Beloch invenzioni progettate per minimizzare l'entità della sconfitta romana. Diversi scrittori, più tardi, trattarono queste vittorie inventate in vari modi, assegnando le stesse ad anni differenti con differenti dettagli, poiché nei resoconti di Livio risulterebbero come eventi separati, ma antistorici.[112]

Ad ogni modo, tra Romani ed Etruschi venne stipulata una pace, che durò sino al 404 a.U.C.- 350 a.C., quando si riaccesero le ostilità tra Roma e Tarquinia.

Nel 396 a.U.c.- 358 a.C., il senato dichiarò nuovamente guerra a Tarquinia dopo che i suoi uomini avevano fatto irruzione nel territorio romano. Il console Gaio Fabio Ambusto ebbe l'incarico di condurre la guerra

I Tarquiniensi riuscirono però a sconfiggere Fabio; ed è in questo quadro di ostilità che va collocata la strage di oltre trecento prigionieri romani sacrificati nel Foro di Tarquinia da parte molto probabilmente di *Aulus Spurinna*.

Scrive Livio:

---

[111] Liv., VI, 9.
[112] S. P. Oakley, *A Commentary on Livy Books VI–X*, , Oxford, 1997, pp. 348. 249.

Nel corso di quello stesso anno anche i consoli combatterono, pur se con esiti diversi. Gaio Plauzio infatti vinse e sottomise gli Ernici. Il suo collega Fabio combatté invece contro i Tarquiniesi, dimostrando però di non possedere né prudenza né senso tattico. In quella campagna non furono tanto gravi le perdite patite sul campo, quanto piuttosto il fatto che i Tarquiniesi uccisero trecentosette soldati romani fatti prigionieri. Atto questo di barbara crudeltà che rese ancora più clamorosa l'umiliazione del popolo romano[113].

La localizzazione nel foro di Tarquinia, quindi vicino il santuario dell'*Ara della Regina*, eretto ai tempi di *Velthur* II *Spurinna*, non può non far pensare alle testimonianze del culto di *Artume*/ Artemide rinvenute nei pressi del santuario: quell'Artemide sorella di Apollo, assimilato ad una divinità indigena con caratteri oracolari e inferi, al quale bene si potrebbero riferire sacrifici umani[114].Torelli, sottolinea come:

> Il sacrificio [...] dei prigionieri non avviene fuori città, presso il tumulo gentilizio, come nel caso dei Focei a *Caere*, ma all'interno della città, a ribadire una nuova dimensione del politico e del sociale[115].

Va detto che l'episodio del massacro dei prigionieri romani è stato posto in dubbio a partire da Karl Julius Beloch, in base all'esatta coincidenza di numero fra i Romani uccisi nel foro di Tarquinia e i Fabii sterminati al Cremera dai Veienti nel corso della loro guerra personale nel 477[116]; e per coincidenza nella guerra con Tarquinia, lo sfortunato comandante era Quinto Fabio Ambusto: è stata avanzata l'ipotesi della volontà delle fonti di fare ricadere queste colpe sulla *gens* Fabia, con una delle tante duplicazioni che troviamo nell'opera di Livio.
Torelli, che ritiene l'episodio del massacro dei prigionieri romani come realmente avvenuto, si basa su due elementi: gli *Elogia* degli Spurinna, da cui sappiamo come le prime fasi del conflitto romano-tarquiniese furono a favore degli Etruschi, e le pitture della Tomba François di Vulci, che serberebbero memoria di questi fatti[117].

L'anno seguente. nel 397 a.U.c.- 357 a.C., Roma dichiarò guerra anche ai Falisci, che avevano combattuto a fianco dei Tarquiniensi e si erano rifiutati di restituire i disertori

---

[113] *Ibid.*, VII, 15.
[114] Colonna, *art.cit.*, pp. 571-572.
[115] M. Torelli, "Delitto religioso. Qualche indizio sulla situazione in Etruria", in *Le délit relgieux dans la cité antique, atti delconvegno (Roma 1978)*, Roma 1981, p. 6.; cfr anche D. Briquel, "Sur un épisode sanglant des relations entre Rome et les cités étrusques: les massacres de prisonniers au cours de la guerre de 358/351", in R. Bloch (éd.), *La Rome des Premiérs Siécles. Legende et Histoire, actes*, Paris 1990 (tr.it. Firenze 1992, pp. 37-46).
[116] K.J. Beloch, in M. Torelli, *op. cit.*, p. 3; cfr. G. De Sanctis, *Storia dei Romani*, II, Torino 1964, p. 255. Cfr. Liv. II 50, 11.
[117] M. Pallottino, *Origini e storia primitiva di Roma*, Milano 1993, p.238. Sul significato degli affreschi della Tomba François, cfr. M. Cristofani, " Ricerche sulle pitture della tomba François di Vulci. I fregi decorativi", *Dialoghi di Archeologia*,1, 1967, pp. 189–219; P. J. Holliday,"Narrative Structures in the François Tomb", *Narrative and Event in Ancient Art*, Cambridge, 1988, pp. 175-197..

romani fuggiti a *Falerii* dopo che erano stati sconfitti, e perfino i feziali avevano chiesto la loro resa. La nuova campagna venne affidata al console Gneo Manlio Capitolino Imperioso. Egli non combinò nulla degno di nota se non convocare l'assemblea centuriata davanti al suo esercito, nell'accampamento nei pressi di Sutrium, e di approvare una legge per tassare la manomissione degli schiavi. Preoccupati da questo atto, i tribuni della plebe romani ritennero un'offesa capitale che l'Assemblea fosse stata convocata al di fuori del solito luogo di adunata nel Campo Marzio.

Secondo quanto racconta Livio, nel 398 a.U.c.- 356 a.C., il console Marco Fabio Ambusto mosse contro Falisci e Tarquiniensi.

L'esercito etrusco era accompagnato sé anche da sacerdoti, armati di serpenti e torce, i quali causarono nei Romani un tale timore da indurli a fuggire in preda al panico verso i loro accampamenti, ma il console, allibito per il loro comportamento, li costrinse a riprendere la battaglia. Gli Etruschi, allora, furono dispersi e il loro campo catturato.

Narra Livio che In séguito i due nuovi consoli, Marco Fabio Ambusto e Marco Popilio Lenate (entrambi eletti per la seconda volta), combatterono due guerre. La prima, contro i Tiburtini, non presentò problemi perché Marco Popilio, dopo aver costretto i nemici all'interno della città, ne devastò le campagne.

Nella seconda Falisci e Tarquiniensi sbaragliarono l'altro console al primo urto. Il panico fu dovuto soprattutto a questo: i sacerdoti dei due popoli, reggendo nelle mani fiaccole accese e serpenti, si avventarono come furie sui Romani, che si lasciarono spaventare da quell'insolito spettacolo. Sulle prime, come se avessero perso l'uso della ragione, ruppero le righe e corsero a rifugiarsi all'interno delle fortificazioni.

Ma poi, quando i consoli, i luogotenenti e i tribuni li dileggiarono rimproverandoli di essersi spaventati come bambini di fronte a un insulso trucco, la vergogna mutò il loro atteggiamento, spingendoli a gettarsi con cieco furore contro quegli stessi che li avevano terrorizzati. Così, dopo aver disperso quel falso apparato nemico, si lanciarono contro gli uomini realmente armati, mettendo in fuga l'intera armata nemica e conquistandone quello stesso giorno anche l'accampamento: tornando vincitori con l'enorme bottino razziato, i soldati deridevano con lazzi militareschi non solo la messa in scena allestita dai nemici ma anche la propria paura. In séguito tutti i popoli etruschi entrarono in guerra, dirigendosi verso le Saline, agli ordini dei comandanti di Tarquinia e di Faleri. Per fronteggiare quella minaccia, venne eletto dittatore Gaio Marcio Rutilio - il primo plebeo a occupare tale magistratura -, che scelse come maestro di cavalleria un altro plebeo, Gaio Plauzio.

Ma i patrizi ritennero fosse una vergogna il dividere con i plebei anche la dittatura. Perciò esercitarono tutta la loro influenza per evitare che venissero approvati decreti o fatti i preparativi necessari al dittatore per condurre quella guerra. Tanto più prontamente il popolo votò tutte le proposte avanzate dal dittatore.

Partito da Roma, il dittatore, servendosi di zattere, dispose le sue truppe su entrambe le rive del Tevere, dovunque veniva a sapere che si trovavano i nemici, e sorprese molti che vagavano saccheggiando le campagne. Con un attacco a sorpresa catturò poi anche l'accampamento nemico insieme con ottomila uomini. I restanti vennero massacrati o allontanati dal territorio romano; al dittatore il popolo tributò il trionfo, senza però che questo venisse autorizzato dal senato[118], fatto confermato dai *triumphales*, che riportano che

C. Marcius L. f. C. n. Rutilus Dict. de Tusceis [sic per *Etrusceis*] *An. CCCXCVII. Pridie Non. Mai.*[119].

Diodoro Siculo sostiene che gli Etruschi abbiano razziato il territorio romano, saccheggiando le rive del Tevere, prima di rientrare in patria[120]
Secondo quanto narrano alcuni scrittori consultati da Livio, nel 399 a.U.c.- 355 a.C., il console Gaio Sulpicio Petico devastò il territorio di Tarquinia, anche se altri ritenevano che egli avesse condotto una campagna militare contro la città di *Tibur*, insieme al suo collega.
Nel 400 a.U.c.- 354 a.C. i Romani costrinsero i Tarquiniensi ad arrendersi, dopo la morte di un gran numero di loro in battaglia.
Le due guerre combattute quell'anno ebbero esito positivo, scrive Livio. Tarquiniesi e Tiburtini vennero costretti alla resa. Ai Tiburtini fu strappata Sassula. Le altre città avrebbero fatto la sua stessa fine, se l'intero popolo non avesse abbandonato le armi, consegnandosi a discrezione del console. Per la sconfitta dei Tiburtini venne celebrato un trionfo. Ma la clemenza prevalse negli altri aspetti della vittoria. Per la gente di Tarquinia non ci fu invece nessuna pietà: molti di essi vennero uccisi in battaglia, e dei moltissimi prigionieri catturati ne vennero scelti trecentocinquantotto - il fiore della nobiltà - per essere inviati a Roma, mentre il resto della popolazione venne passato per le armi.
Quanto al popolo, non fu molto più clemente con quelli che erano stati inviati a Roma: vennero frustati e decapitati al centro del foro. Fu quello il modo per vendicarsi dei nemici per i Romani massacrati nel foro di Tarquinia.
Il successo in questa guerra fece sì che anche i Sanniti venissero a chiedere la pace. Il senato ebbe per i loro ambasciatori una risposta amichevole e concesse loro un trattato di alleanza[121].
Secondo Diodoro Siculo, invece, solo 260 Etruschi vennero giustiziati nel Foro romano[122].
Dopo lo scontro frontale alle Saline, la guerra si trascinò avanti piuttosto stancamente con piccoli scontri e alterne vicende e si conclusa nel 403- 351 con una tregua di quarant'anni che, di fatto, sanciva tra le due città rivali il reciproco riconoscimento dello *status quo ante* ma, al tempo stesso, consolidava la nuova presenza della repubblica romana nell'Etruria meridionale.
Probabilmente non ci furono ulteriori guerra fra Roma e Tarquinia, anche perché altre città etrusche, come Vulci, *Volsinii*, Chiusi, approfittando dell'indebolimento dela potenza tarquiniense, ne presero il posto nella lotta antiromana. Tanto è vero che nella

---

[118] Liv., VII, 17.
[119] *C. Marcio Rutilio, figlio di Lucio, nipote di Caio, dittatore, [trionfò] sugli Etruschi. Anno 397, il giorno precedente le none di maggio (6 maggio 355 a.C)*: Baiter, Fasti, p. CLI.
[120] Diod.. Sic., XVI, 36.4.
[121] Liv., VII, 19.
[122] Diod.. Sic., XVI,, 45.8.

guerra combattuta fra quelle città e Roma, dal 443- 446-311 al 308, Tarquinia non è menzionata nelle fonti storiche, anche se in qualche modo dovette anch'essa restarne coinvolta (interessante è, tuttavia, una notizia di Livio secondo la quale nel 308 Tarquinia rifornì Roma di grano e in virtù di tale aiuto ottenne il rinnovo della tregua quarantennale che era appena scaduta. E la rivalità comunque perdurante dovette venir meno all'inizio del secolo III a C. quando, definitivamente vittoriosa Roma su Vulci e *Volsini*, Tarquinia fu costretta a instaurare con la città del Tevere un nuovo tipo di rapporto sancito da un trattato di alleanza che, date le condizioni (tra le quali, forse, la confisca da parte di Roma della fascia costiera del territorio tarquiniese dove poi venne fondata la colonia romana di *Graviscae*, equivaleva per Tarquinia a un vero e proprio atto di sottomissione alla *Res publica*

Il nuovo rapporto - divenuto sempre più, col passare del tempo, una sorta di pura finzione giuridica giacché Tarquinia pur mantenendo una larvata sua sovranità *interna*, venne a far parte integrante dello stato romano con precisi obblighi di aiuto a Roma. come quando nella Seconda guerra punica, nel 446- 205, Tarquinia fornì alla spedizione di Scipione l'Africano contro Cartagine le tele di lino per le vele delle navi in allestimento a Lilibeo, in Sicilia, situazione che durò fino all'inizio del I secolo a.C.

E il cambiamento fu in conseguenza della concessione della cittadinanza romana a tutte le città italiche alleate di Roma con la *lex Iulia de civitate*, in virtù della quale anche Tarquinia divenne un *municipium* della nuova Italia romana e sede del *Collegium LX Haruspicum*[123].

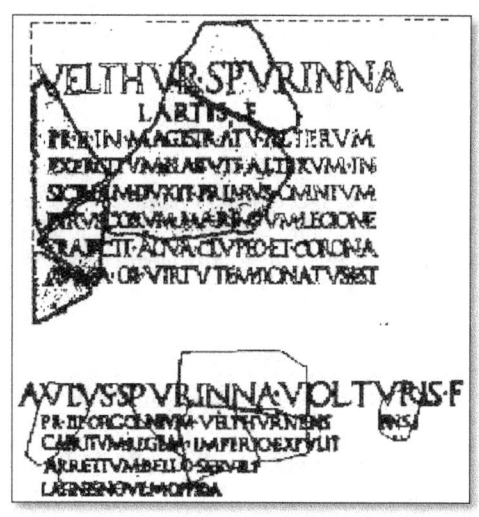

Elogia Tarquiniensia, fragg 1 e 3
(da Romeo di Colloredo, *Etrusca disciplina*, Bergamo 2022, f.XXIV)

---

[123] P. Romeo di Colloredo, *Etrusca Disciplina*, Bergamo 2022, pp.27 segg.

LA LEGIONE CONTRO LA FALANGE

Approfittando del durissimo impegno di Roma contro i Sanniti, nel 443 a.U,c.- 311 a.C. alcune città etrusche quali Vulci, Volsinii e Chiusi erano scese in armi, scatenando, con l'assedio di *Sutrium*, città alleata dei Romani, una guerra di grandi proporzioni tra Roma e lediverse città dell'Etruria meridionale ed interna, che con il controllo romano del territorio tarquiniense e del basso corso del Tevere i propri interessi commerciali, se non anche la propria indipendenza.

Per gli Etruschi combattere contro i Romani si rivelò questa volta un'esperienza completamenye diversa dalle precedenti. Dopo le sconfitte subite ad opera dei Sanniti, l'esercito romano aveva abbandonato l'ordinamento serviano, ancora basato sulla falange, e adottato quello manipolare.

Fino alle guerre sannitiche, come si è già detto, il modo di schierarsi sul campo di battaglia era stato quello della falange oplitica: uno schieramento compatto, protetto dagli scudi e dalle lance.

Questo schieramento era adatto per scontrarsi in campo aperto, ma proprio l'esigenza di muoversi con maggior agilità e di combattere nei boschi e nelle forre delle montagne dell'Abruzzo e del Matese, negli scontri con i più mobili Sanniti, convinse i Romani ad adottare un nuovo tipo di schieramento e così la legione venne divisa in unità più piccole, i manipoli composti all'incirca da 150 unità; vennero adottati armi ed ordinamenti che avrebbero caratterizzato l'esercito romano per i secoli a venire: l'ordinamento manipolare al posto della falange, il *pilum* al posto dell'hasta, lo *scutum* oblungo al posto del *clipaeum* rotondo.

Nell'*Ineditum Vaticanum* si legge che

> Lo *scutum* sannitico oblungo non faceva parte del nostro equipaggiamento nazionale, né avevamo ancora il *pilum* ma si combatteva con scudi rotondi e lance. [...] Ma quando ci siamo trovati in guerra contro i Sanniti , ci siamo armati come loro con gli scudi oblunghi e i giavellotti e copiando le armi nemiche siamo diventati padroni di tutti quelli che avevano una così alta opinione di se stessi[124],

ovvero gli Etruschi ed i Celti.

La legione, quando si schierava *in acies* era organizzata su quattro linee, protette ai fianchi dalla cavalleria.

Molto probabilmente la legione romana come descritta da Polibio nel VI libro delle *Storie* nacque proprio durante le guerre contro i Sanniti, ad imitazione (e miglioramento) di quella degli avversari.

La falange arcaica lasciò dunque il posto ad uno schieramento più flessibile, la legione (*legio* significa leva) disposta su tre file: nella prima vi erano i soldati più giovani, gli *hastati*, armati di lancia (*hasta*) e giavellotto (*pilum*); a seguire i *principes*, più esperti e meglio equipaggiati; e infine i *triarii*, ovvero i veterani, che entravano in campo solo nelle fasi finali.

---

[124] N. Sekunda, *Early Roman Armies*, Oxford 1997, p.36

Le fila non erano compatte, ma suddivise in manipoli (ogni manipolo era composto da due centurie).

In prima fila combatteva la fanteria leggera, dapprima *accenses* o *rorarii*, in un secondo momento i più addestrati *velites*, e ai lati si disponevano i contingenti alleati (*alae sociorum*) e di cavalleria (*turmae*). e in unità di 600 uomini dette *cohortes*.

Lo schieramento della legione romana in battaglia era così suddiviso: nella prima linea prendevano posto gli *hastati*, dalla parola *hasta*, lancia; quindi opliti; l'*hasta* fu poi sostituita dal *pilum*, forse mutuato dal *saunium* sannita, un giavellotto leggero che si scagliava all'inizio del combattimento; nella seconda schiera si disponevano i soldati più anziani e meglio addestrati, i *principi*; nella terza stavano piegati a terra, i *triarii*, i veterani di riserva, armati di lancia, ultimo resto dell'originaria falange.

Come vedremo, l'attraversamento della selva Cimina che colse di sorpresa gli Etruschi, fu possibile grazie alla riforma della legione ed all'esperienza fatta dai Romani nei territori boscosi e impervi del Sannio e del Matese, e sarebbe stata impossibile per un esercito composto da falangi, come era stato quello romano fino a non molto tempo prima, e come era tuttora quello etrusco.

LA SELVA CIMINA, 311-310

La guerra del 443 a.U,c.- 311 a.C. è documentata esclusivamente da Tito Livio; nella narrazione seguiremo dunque il testo liviano (libro IX): mentre nel Sannio Bubulco trionfava, scrive lo storico patavino, ormai tutti i popoli dell'Etruria - fatta eccezione per gli abitanti di *Arretium* - erano corsi alle armi, scatenando, con l'assedio di *Sutrium*, città alleata dei Romani e porta di ingresso dell'Etruria, una guerra di grosse proporzioni. Il console Emilio con un esercito si mosse in quella direzione per liberare gli alleati dall'assedio. All'arrivo dei Romani, gli abitanti di *Sutrium* portarono una grande quantità di vettovaglie nell'accampamento davanti alla città.
Gli Etruschi spesero il primo giorno discutendo se accelerare o tirare in lungo la guerra.
All'alba del giorno successivo, visto che i comandanti avevano deciso di optare per la soluzione più rapida anziché per la più sicura, diedero il segnale di battaglia e, armatisi, scesero in campo. Informato, il console fece immediatamente diffondere tra gli uomini l'ordine di mangiare, e di armarsi subito dopo essersi rimessi in forze. Una volta eseguiti gli ordini, il console, non appena li vide pronti e con le armi in pugno, fece uscire l'esercito fuori dalla trincea e lo schierò in ordine di battaglia non lontano dai nemici. Per qualche tempo entrambe le parti si studiarono, nell'attesa che l'avversario alzasse per primo il grido di guerra e desse inizio alla battaglia. Ma mezzogiorno passò senza che da una parte e dall'altra venisse lanciata una sola freccia.
Poi gli Etruschi, per non doversi ritirare senza risultato, levarono il grido di battaglia e si lanciarono all'assalto al suono delle trombe. Ma anche i Romani si gettarono nella mischia con non minore determinazione. Si scontrarono con estrema animosità: se i nemici erano numericamente superiori, i Romani sopravanzavano per coraggio, e l'incertezza dello scontro fece molte vittime da entrambe le parti; caddero tutti i più forti in campo. La situazione rimase in bilico finché la seconda linea romana non diede il cambio alla prima, con gli uomini freschi al posto di quelli ormai provati.
Gli Etruschi, poiché non avevano a disposizione riservisti freschi a supporto della prima linea, caddero in massa davanti e intorno alle loro insegne. In nessun'altra battaglia la strage sarebbe stata più impressionante e più esiguo il numero dei fuggiaschi, se il buio non avesse protetto gli Etruschi, la cui ostinazione a combattere era tanta che i vincitori abbandonarono la battaglia prima dei vinti. Dopo il tramonto, prosegue Livio, venne dato il segnale della ritirata, e nella notte i due eserciti fecero rientro ai rispettivi accampamenti. Nella parte residua dell'anno, presso Sutrium non accadde nulla che fosse degno di essere ricordato, perché l'intera prima linea dell'armata nemica era stata distrutta in quell'unica battaglia, e agli Etruschi rimanevano solo i riservisti, appena sufficienti per difendere l'accampamento. Ma anche da parte romana i feriti furono molti, al punto che i morti a seguito di ferite contratte furono più numerosi dei caduti in battaglia. Quinto Fabio, console l'anno successivo, assunse il comando delle operazioni sotto Sutrium. Suo collega fu Gaio Marcio Rutilo. Fabio portò anche rinforzi da Roma, mentre per gli Etruschi arrivò un nuovo esercito dalle loro terre.
Sutrium era stretta d'assedio dagli Etruschi, e il console Fabio, che stava guidando l'esercito lungo le pendici dei monti Cimini per portare aiuto agli alleati e attaccare i dispositivi di difesa dei nemici, se avesse trovato qualche passaggio praticabile, si

imbatté nell'esercito etrusco schierato in ordine di battaglia. L'ampia pianura sottostante gli permetteva di constatare che le forze del nemico erano cospicue, e cercando di sopperire all'inferiorità numerica dei suoi con la posizione occupata, fece loro deviare leggermente la marcia, in modo tale da farli risalire lungo il declivio (che era scosceso e coperto di massi); quindi rivolse il fronte contro il nemico. E gli Etruschi, non pensando ad altro che alla loro superiorità numerica, nella quale avevano una cieca fiducia, si buttarono nella mischia con una foga e una impazienza tali che, per arrivare il più in fretta possibile al corpo a corpo, gettarono a terra le aste e avanzarono contro gli avversari con le spade sguainate. I Romani, invece, non smettevano di scagliare verso il basso tanto i loro giavellotti quanto i sassi, arma questa offerta in abbondanza dal luogo. Pertanto per gli Etruschi non era facile arrivare al corpo a corpo perché, anche quando non venivano feriti, rimanevano storditi dai colpi che piovevano sugli elmi e sugli scudi, e non avevano armi da lancio con le quali affrontare il combattimento a distanza. E mentre restavano fermi, esposti ai colpi, senza che ormai nulla li potesse più proteggere, e alcuni cominciavano a ritornare sui propri passi, gli hastati e i principes, levando di nuovo il grido di battaglia, si lanciarono con le spade in pugno contro quella massa instabile e ondeggiante. Gli Etruschi non ressero l'urto, e voltate le spalle fuggirono disordinatamente in direzione dell'accampamento.

I cavalieri romani attraversarono la pianura in diagonale, andando a sbarrare la strada ai fuggitivi, che, rinunciando a raggiungere l'accampamento, ripiegarono verso i monti. Di lì, quasi disarmati e ridotti a mal partito dalle ferite, si rifugiarono nella selva Cimina.

I Romani, dopo aver massacrato parecchie migliaia di Etruschi e aver loro sottratto trentotto insegne militari, si impadronirono anche dell'accampamento nemico, raccogliendovi un grosso bottino. Fu allora che si iniziò a pensare al modo di dare la caccia al nemico.

Gli .Etruschi, dopo la sconfitta patita sui Monti Cimini, si erano rifugiati nella Selva Cimina[125], dove i romani erano restii a seguirli. Solo dopo aver ottenuto l'alleanza degli Umbri Camerti, i romani si risolsero ad entrare nella Selva. I popoli etruschi, ed anche qualche città umbra, si decisero allora a radunare un nuovo esercito, che condussero alle porte di *Sutrium*, dove posero il campo anche i romani. I due eserciti arrivarono a fronteggiarsi sul campo di battaglia, senza che nessuno prendesse l'iniziativa, o tornasse negli accampamenti, al calare delle tenebre. Ma Fabio, la mattina seguente, fece preparare silenziosamente il proprio esercito, che diede l'attacco al campo nemico, con le prime luci dell'alba, facendone strage.

I Romani, dopo aver massacrato parecchie migliaia di Etruschi sui monti Cimini e aver loro sottratto trentotto insegne militari, si impadronirono anche dell'accampamento nemico, raccogliendovi un grosso bottino. Fu allora che si iniziò a pensare al modo di dare la caccia al nemico. In quel tempo la selva Cimina era più impervia e spaventosa di

---

[125] Non è possibile localzzare con certezza la selva Cimina (lat. *Silva Ciminia*) e stabilire la sua estensione: oltre a coprire i monti Cimini, doveva estendersi fino alle città di *Sutrium*, *Nepet* e *Falerii Veteres* a sud; fino a *Fescennium*, *Horta*, *Ferentum* e *Bleda* a nord e nord-ovest. Non si trattava di un'area completamente boschiva, ma vi si trovavano alcuni piccoli *vici* che fortificati a partire dal X secolo d.C. divennero i paesi ancor oggi esistenti

quanto non siano di recente sembrate le foreste della Germania[126], e fino ad allora non l'aveva mai attraversata nessuno, nemmeno dei mercanti.
E quasi nessuno, fatta eccezione per il comandante in persona, aveva il coraggio di addentrarvisi: in tutti gli altri era ancora vivo il ricordo della disfatta di *Caudium*. Allora, tra i presenti, il fratello del console Marco Fabio (altri sostengono si chiamasse Cesone, altri ancora Gaio Claudio, indicandolo come fratello del console soltanto per parte di madre) disse che sarebbe andato in avanscoperta e che di lì a poco avrebbe riportato notizie sicure.
Narra Livio che, cresciuto a *Caere* presso suoi ospiti, Fabio aveva avuto un'istruzione a base di lettere etrusche e parlava bene l'etrusco. Secondo alcuni autori, come adesso si ha l'abitudine di istruire i ragazzi romani nelle lettere greche, allo stesso modo in quel tempo li si istruiva in quelle etrusche. Ma è più vicino alla verità il fatto che l'uomo che andò a mescolarsi tra i nemici con una messinscena tanto temeraria avesse già avuto qualche esperienza in tal senso. A quanto sembra fu accompagnato soltanto da uno schiavo, che era cresciuto con lui e quindi aveva una certa competenza in quella stessa lingua. Prima di partire, dell'area in cui stavano per addentrarsi non avevano alcuna cognizione, se non qualche sommario ragguaglio circa la natura del luogo e i nomi dei capi delle varie popolazioni, sui quali avevano preso informazioni per evitare di essere smascherati da esitazioni su fatti risaputi. Partirono vestiti da pastori, con addosso armi da campagna, una falce e due spiedi a testa. Ma a proteggerli non furono tanto la conoscenza della lingua né il tipo di armi o di vesti, quanto piuttosto il fatto che nessuno si potesse immaginare uno straniero addentratosi nella selva Cimina. Pare siano arrivati fino agli Umbri Camerti.
Lì Fabio ebbe il coraggio di rivelare la loro identità e, introdotto nel senato locale, a nome del console propose di stipulare un trattato di amicizia e di alleanza. Gli riservarono una generosa ospitalità, e lo pregarono di riferire ai Romani che, se il loro esercito si fosse spinto in quella zona, avrebbe avuto a disposizione cibo per trenta giorni, e che la gioventù degli Umbri Camerti sarebbe stata pronta a prendere le armi agli ordini dei Romani. Quando queste cose vennero riferite al console, alle prime luci della sera, mandati avanti gli uomini con i bagagli, diede ordine alla fanteria di seguirli. Egli rimase fermo con la cavalleria e alle prime luci del giorno successivo passò a cavallo di fronte ai posti di guardia nemici collocati al di fuori del bosco. Dopo aver impegnato per qualche tempo i nemici, rientrò all'accampamento e uscendo dalla porta opposta raggiunse la fanteria prima del buio. All'alba del giorno dopo aveva già raggiunto le cime dei monti Cimini. E dopo aver contemplato da quel punto le ricche terre d'Etruria, inviò i suoi uomini a metterle a ferro e fuoco. E i Romani avevano già raccolto un bel bottino, quando si trovarono di fronte squadre raccogliticce di contadini etruschi formate in tutta fretta dai capi della zona, ma in maniera così disordinata, che quanti erano venuti a riprendersi la preda per poco non finirono essi stessi oggetto di preda. Dopo aver eliminato o messo in fuga i nemici, e dopo aver razziato in lungo e in largo le campagne, i Romani rientrarono al campo in trionfo e carichi di ogni avere. Là erano arrivati casualmente cinque delegati e due tribuni della plebe per comunicare a Fabio l'ordine del senato di non attraversare la selva Cimina. Felicitatisi per essere

---

[126] Livio sembrerebbe fare indirettamente riferimento alla selva di Teutoburgo, teatro della *clades Variana* del 762 a.U.c.- 9 d.C.

arrivati troppo tardi per impedire lo scoppio della guerra, rientrarono a Roma ad annunciare la vittoria.

Invece di porre termine alla guerra, questa spedizione del console ne aveva ampliato il raggio: infatti le genti che abitavano ai piedi dei monti Cimini erano state gravemente danneggiate dalle incursioni romane, e avevano contagiato con il loro risentimento non solo i popoli dell'Etruria, ma anche quelli confinanti dell'Umbria. Per questo motivo misero insieme nei pressi di Sutri un esercito più numeroso di quanto non avessero mai fatto prima, e non si limitarono soltanto a trasferire l'accampamento al di là della selva ma, per l'impazienza di arrivare allo scontro, portarono anche l'esercito nella pianura. Poi, schieratisi in ordine di battaglia, in un primo tempo rimasero fermi sulle loro posizioni, lasciando ai Romani lo spazio necessario per disporsi di fronte. Vedendo però che i nemici si rifiutavano di venire a battaglia, si presentarono sotto la trincea. Quando poi si resero conto che anche le postazioni più avanzate erano state ritirate all'interno delle fortificazioni, si levò subito dalle file un urlo rivolto ai comandanti, col quale chiedevano venissero loro portati dall'accampamento i viveri per quel giorno. Sarebbero rimasti lì con le armi in pugno, e nel corso della notte - o, al più tardi, alle prime luci del giorno - avrebbero attaccato il campo nemico. L'esercito romano, pur essendo certo non meno impaziente, venne trattenuto sul posto dalle disposizioni del comandante. Erano più o meno le quattro del pomeriggio, quando il console ordinò ai soldati di consumare il rancio, e li avvisò di farsi trovare armati, in qualunque ora del giorno o della notte egli avesse dato il segnale di attacco. Rivolse un breve discorso alle truppe, esaltando le guerre contro i Sanniti, sminuendo gli Etruschi, e sostenendo che i due nemici non erano da mettere sullo stesso piano né per valore né per numero di effettivi. Aggiunse poi che vi era un'altra arma segreta che avrebbero conosciuto a tempo debito, ma che per il momento era necessario rimanesse nascosta. Con questi accenni sibillini voleva alludere al fatto che i nemici erano minacciati alle spalle, e lo faceva per confortare il morale dei soldati, spaventati dalla grande quantità dei nemici. La messinscena era resa più verosimile dal fatto che il nemico aveva preso posizione senza però costruire dispositivi di difesa. Dopo aver ridato vigore ai corpi col rancio, si lasciarono andare al sonno. Furono svegliati verso le quattro del mattino e presero le armi senza fare rumore. Ai portatori vennero distribuite le asce per abbattere il terrapieno e riempire le fosse. L'esercito venne schierato al di qua delle fortificazioni, mentre le coorti scelte furono piazzate alle uscite delle porte. Avendo poi ricevuto il segnale poco prima dell'alba - ovvero l'ora che nelle notti d'estate è più propizia al sonno intenso -, l'esercito abbatté il terrapieno e saltò fuori, assalendo i nemici coricati in maniera disordinata.

La morte ne sorprese alcuni del tutto immobili, altri mezzo addormentati nei loro giacigli, e la maggior parte mentre cercava affannosamente di prendere le armi. Soltanto a pochi venne lasciato il tempo di armarsi: ma anche questi, non avendo insegne da seguire e comandanti cui obbedire, vennero sbaragliati, messi in fuga e inseguiti. Disseminati in tutte le direzioni, tentarono di raggiungere l'accampamento o il fitto della boscaglia. E furono proprio le selve a offrire un rifugio più sicuro, perché l'accampamento situato in aperta campagna venne catturato nel corso di quello stesso giorno. L'ordine fu di consegnare oro e argento al console, mentre tutto il resto venne lasciato ai soldati. Quel giorno furono uccisi o fatti prigionieri 60.000 nemici.

Alcuni autori sostengono che questa battaglia tanto gloriosa fu combattuta al di là della selva Cimina nei pressi di *Perusia*, e che a Roma si stette in grande ansia, per paura che l'esercito tagliato fuori da quel bosco impraticabile che faceva da barriera venisse sopraffatto dagli Etruschi e dagli Umbri insorti da ogni parte. Ma in qualunque punto sia avvenuta la battaglia, è certo che a vincere furono i Romani.

Da *Perusia*, *Curtun* e *Arretium*, che a quell'epoca erano le città più in vista di tutto il mondo etrusco, arrivarono ambasciatori con richieste di pace e alleanza rivolte ai Romani. Venne loro concessa una tregua di trent'anni[127].

---

[127] *Liv.*, IX, 35.

LA BATTAGLIA DEL LAGO VADIMONE, 309

Le operazioni contro gli Etruschi continuarono, e nel 446-309 culminarono nella battaglia del lago Vadimone (*lacus Vadimo*), la più grande battaglia che Romani ed Etruschi combatterono l'uno contro l'altro. I Romani vinsero, e fu la definitiva consacrazione della loro egemonia sull'Etruria.

Il lago Vadimone è un piccolo lago nell'Etruria meridionale, vicino a Bomarzo, l'odierno lago di Bassano, oggi poco più di uno stagno, ricordato spesso dagli antichi per il fenomeno delle isole mobili: Plinio (*Epist.*, VIII, 20) lo descrive con abbondanza di particolari. In età etrusca faceva forse parte del territorio di *Volsinii*.

La notizia che Quinto Fabio si era addentrato nella selva Cimina, così come aveva tenuto Roma in apprensione, allo stesso modo era stata motivo di tripudio per i Sanniti, per i quali era come se l'esercito romano, tagliato fuori dalla patria, si trovasse in stato d'assedio: per i Romani si profilava una disfatta pari a quella delle Forche Caudine.

Quella gente, perennemente avida di nuove conquiste, era stata spinta dalla temerarietà di sempre in quelle regioni inospitali, dove adesso era circondata dall'impraticabilità dei luoghi più che dalle armi nemiche.

Ma la gioia si mescolava già con una certa quale invidia, perché la sorte aveva trasferito dai Sanniti agli Etruschi l'onore della guerra contro Roma. Per questo, dopo aver raccolto uomini e armi, si misero in movimento per schiacciare il console Gaio Marcio, e se quest'ultimo non avesse accettato di dare battaglia, avevano intenzione di trasferirsi immediatamente in Etruria passando attraverso i territori dei Marsi e dei Sabini.

Il console li andò ad affrontare, e lo scontro dall'esito incerto che ne seguì fu durissimo. Benché entrambe le parti avessero avuto perdite ugualmente gravi, tuttavia la voce comune attribuì ai Romani la sconfitta, perché avevano perso degli uomini di rango equestre, alcuni tribuni militari, un luogotenente e - ciò che aveva suscitato maggiore scalpore - era rimasto ferito addirittura il console. Poiché le voci avevano ingigantito la sconfitta, come sempre succede, i senatori vennero presi dal panico al punto da voler nominare un dittatore, e nessuno aveva dubbi sul fatto che la scelta sarebbe caduta su Papirio Cursore, considerato il miglior generale del suo tempo. Però non si era sicuri di poter fare arrivare la notizia nel Sannio, dato che tutta la regione pullulava di nemici, né si era al corrente se il console Marcio fosse ancora vivo. L'altro console, poi, era un nemico personale di Papirio. Per evitare che questo attrito andasse a discapito degli interessi dello Stato, il senato decise di mandare a Fabio una delegazione composta di ex consoli, i quali, avvalendosi del proprio prestigio personale, oltre che dell'autorità conferita loro dallo Stato, lo convincessero a dimenticare la rivalità di un tempo in nome del bene della patria. Quando gli ambasciatori arrivati al cospetto di Fabio gli ebbero comunicato la decisione del senato, descrivendola con parole all'altezza dell'incarico ricevuto, il console abbassò gli occhi a terra e si allontanò silenzioso dai delegati, che non avevano idea di che decisione avrebbe potuto prendere. Poi, nel silenzio della notte (come tradizione vuole), nominò dittatore Lucio Papirio. Quando gli inviati lo ringraziarono per aver piegato al meglio la propria disposizione d'animo, Fabio rimase ostinatamente in silenzio, e senza fornire risposta o commenti al suo gesto, licenziò gli inviati, perché fosse chiaro che grande dolore il suo animo stesse soffocando. Papirio scelse come maestro di cavalleria Gaio Giunio Bubulco. Mentre era impegnato a presentare ai comizi curiati la legge che gli conferiva l'autorità, venne costretto a rimandare il rituale da un presagio di cattivo augurio. La votazione, infatti, era iniziata dalla curia Faucia, celebre per due disastri, e cioè la presa di Roma e la pace di *Caudium*: ora, in entrambi gli anni in cui quei fatti si erano verificati, la sorte aveva affidato alla stessa curia il compito di avviare la votazione. Licinio Macro aggiunge che quella curia era di cattivo augurio anche per una terza disfatta, ovvero quella subita dai Fabii nei pressi del Cremera.

Il giorno successivo, rinnovati gli auspici, il dittatore fece approvare la legge. Partito da Roma con le legioni appena arruolate sull'onda del panico generato dalla notizia che l'esercito aveva superato la selva Cimina, giunse nei pressi di Longula. Ricevute dal console Marcio le legioni già in servizio, schierò i suoi in ordine di battaglia. E i nemici non parvero riluttanti all'idea di combattere. Quando le due parti erano già schierate e con le armi in pugno, senza però che nessuna delle due volesse iniziare il combattimento, vennero sorprese dal calar della notte. Rimasti inattivi per qualche tempo da quel momento in poi, pur non mancando di fiducia nei propri mezzi né sottovalutando il nemico, i due contendenti collocarono i rispettivi accampamenti fissi a breve distanza l'uno dall'altro. Anche contro gli Umbri i Romani si misurarono in campo aperto: i nemici furono messi in fuga, subendo però poche perdite, perché non resistettero a lungo allo scontro, nel quale si erano lanciati con estremo accanimento.

Anche gli Etruschi, arruolato con una legge sacrata un esercito, nel quale ogni uomo si sceglieva un altro uomo, si scontrarono presso il lago di Vadimone, con uno spiegamento di forze e un accanimento mai visti in passato. La battaglia venne combattuta con un furore tale, che nessuno dei due contendenti arrivò a scagliare le armi da lancio. Lo scontro iniziato con le spade divenne via via sempre più acre, mantenendosi a lungo nell'incertezza, al punto che i Romani non avevano l'impressione di combattere contro gli Etruschi già sconfitti tante altre volte, ma contro qualche popolo nuovo. Nessuna delle due parti accennava alla fuga: gli uomini della prima linea crollarono e, per evitare che i reparti restassero privi di copertura, la seconda fila rimpiazzò la prima. Poi vennero chiamati allo scontro anche gli ultimi riservisti. E la situazione arrivò a essere talmente critica, che i cavalieri romani, scendendo da cavallo, raggiunsero le prime file di fanti avanzando tra le armi e i corpi dei caduti. Entrati in campo, come un esercito fresco, in mezzo a uomini stanchi, gettarono lo scompiglio tra le linee etrusche. Seguendo poi il loro slancio, il resto delle truppe, pur allo stremo delle forze, riuscì finalmente a prevalere sullo schieramento nemico. Allora la tenacia degli Etruschi cominciò a cedere e alcuni manipoli presero a indietreggiare, dandosi inequivocabilmente alla fuga non appena ebbero voltato le spalle. Quel giorno venne spezzata per la prima volta la potenza etrusca, in auge dai tempi antichi. Il fiore delle loro truppe venne massacrato sul campo, e con quello stesso attacco i Romani ne catturarono l'accampamento saccheggiandolo[128].

Livio non scrive chi fosse il comandante dell'esercito romano. Nel resoconto liviano si dice che il dittatore si recò immediatamente a Longula per prendere il comando degli uomini agli ordini del console ormai decaduto Gaio Marcio Rutilo Censorino.

Con i Sanniti non si giunse subito allo scontro, per cui potrebbe essere possibile che nel periodo tra l'arrivo nel Sannio e il successivo scontro il dittatore abbia preso le redini

---

[128] Liv., IX, 39.

delle operazioni in Etruria, guidando l'esercito alla vittoria nella battaglia del lago Vadimone. A riprova di questa possibilità, il succedersi delle battaglie nel racconto di Livio, e il fatto che Livio ponga la battaglia con i Sanniti sicuramente dopo quella contro gli Etruschi.

> Poco tempo dopo (della battaglia del lago Vadimone) i Romani corsero un pericolo analogo [con i Sanniti, ndA][129]

Ma la circostanza della distanza tra i due luoghi dove si ebbero gli scontri contro Etruschi e Sanniti, rispettivamente il lago Vadimone e *Longula*, l'importanza stessa di queste due campagne militari per la sopravvivenza di Roma[130], il fatto che Quinto Fabio Massimo Rulliano, nello stesso anno dittatoriale, sconfiggesse il resto dell'esercito etrusco nei pressi di *Perusia*, deve significare che il dittatore abbia affidato il comando delle operazioni in Etruria a Fabio Massimo Rulliano, e che quindi questi abbia guidato i Romani nella battaglia del lago Vadimone, come provato dai *Fasti Triumphales* che ricordando il trionfo *de Etrusceis* di Rulliano il 13 novembre del 444- 308, al termine della campagna che lo vide vincitore nelle battaglie del Vadimone e di *Perusia*:

Q. Fabius M. f. N. n. Maximus Rullianus II. pro Cos. de Etrusceis. An. CDXLIV Idibus Nov.[131].

ETRUSCAN WALLS OF RUSELLE.

---

[129] *Id.*, IX, 40.
[130] Per gli avvenimenti che si svolsero contemporaneamente nel Sannio, cfr. Romeo di Colloredo *Le guerre sannitiche 343- 290 a.C.*, Bergamo 2020, pp. 77- 96.
[131] Q. Fabio Massimo Rulliano. proconsole per la II volta [celebrò il trionfo] sugli Etruschi alle idi di novembre.del. CDXLIV: Baiter, *Fasti*, p. CLII

Particolare della statua del cd *Marte di Todi*.
Città del Vaticano Museo Gregoriano Etrusco

RUSELLAE, 301

Nel 308 ci fu un ulteriore tentativo di resistenza nell'Etruria meridionale:.il console Publio Decio entrò nel territorio di Tarquinia, che si arrese e cedette parte del suoi possedimenti.

Poi Publio Decio si rivolse contro *Volsinii* (Orvieto)che dopo breve resistenza concluse un armistizio. Nel 302 scoppia una guerra civile ad Arezzo. La plebe si solleva per scacciare la potente famiglia dei *Cilnii*. I *Cilnii* erano di stirpe reale. Dai*Cilnii* discenderà Mecenate, l'amico dell'imperatore Augusto.

I *Cilnii* chiamano in aiuto i Romani, con i quali Arezzo aveva stretto una pace trentennale.

Il dittatore Marco Valerio Massimo sconfisse le forze etrusche nei pressi di Roselle. Venne concluso un armistizio biennale. I Celti scesero per la terza volta in Etruria. Gli Etruschi pensarono di poterli utilizzare contro Roma. I Celti presero i soldi offerti dagli Etruschi, ma soddisfatti del bottino ricevuto senza combattere, se ne andarono a nord.

Nel 453 a.U.c.- 301 a.C. in seguito ad un'imboscata etrusca, in cui cadde vittima il *magister equitum* Marco Emilio Paolo, il dittatore Marco Valerio Corvo effettuò una nuova leva a Roma, per poi dirigersi in pieno territorio etrusco, nel territorio di Roselle.

Qui, dopo aver evitato di cadere in una nuova imboscata degli Etruschi, i Romani vinsero lo scontro in campo aperto. Agli Etruschi fu concessa una tregua di due anni, e il dittatore celebrò il trionfo per la vittoria.

Così Livio descrive gli avvenimenti: arrivò la notizia che l'Etruria si stava ribellando a seguito di un'insurrezione scoppiata ad *Arretium*, dove l'influente famiglia dei Cilnii, odiata dagli Aretini per le ricchezze che possedeva, stava per essere scacciata con la forza dalla città[132].

Nel contempo fu annunciato che i Marsi stavano difendendo con vigore la terra sulla quale era stata fondata la colonia di Carseoli, costituita da 4.000 uomini. Per far fronte a questi disordini, venne nominato dittatore Marco Valerio Massimo, che scelse come maestro di cavalleria Marco Emilio Paolo. Commenta Livio che

> Personalmente preferisco questa versione dei fatti a quella secondo la quale Quinto Fabio, nonostante l'età e le molte cariche ricoperte, sarebbe stato subordinato a Valerio. D'altra parte sarei portato a credere che l'errore sia dovuto alla confusione creata dal soprannome Massimo[133].

Uscito da Roma alla guida dell'esercito, il dittatore sbaragliò i Marsi con un'unica battaglia. Dopo averli costretti a barricarsi all'interno delle loro città fortificate, nel giro di pochi giorni conquistò Milionia, Plestina e Fresilia. Condannò poi i Marsi alla perdita di parte del territorio, rinnovando però il trattato di alleanza con loro. Teatro delle operazioni fu in seguito l'Etruria. Mentre il dittatore si era recato a Roma per il rinnovo degli auspici, il maestro di cavalleria cadde in un'imboscata mentre usciva allo scoperto per cercare rifornimenti: perse alcune insegne, venne risospinto nell'accampamento, dopo un orribile massacro e la fuga vergognosa dei suoi uomini. Questa reazione

---

[132] Si tratta della gens a cui apparterrà Gaio Cilnio Mecenate.
[133] Liv., X, 3.

terrorizzata non può essere attribuita a Fabio, e non solo perché se qualche altra dote più di altre gli valse il soprannome di Massimo questa fu certo la perizia strategica in guerra, ma anche perché non si sarebbe mai lasciato trascinare allo scontro senza un preciso ordine del dittatore, memore com'era della severità di Papirio.

Quando la sconfitta venne annunciata a Roma, la reazione fu un panico sproporzionato alla realtà dei fatti. Come se l'esercito fosse stato fatto a pezzi, venne proclamata la sospensione delle attività giudiziarie, vennero piazzate sentinelle alle porte e fissati turni di vigilanza nei vari quartieri, mentre lungo il perimetro delle mura furono accumulati armi e proiettili. Dopo aver costretto tutti i giovani a prestare giuramento militare, il dittatore raggiunse l'esercito e trovò che la situazione era meno preoccupante di quanto non si aspettasse, e che il maestro di cavalleria aveva curato di rimettere tutto a posto: il campo era stato trasferito in un punto più sicuro, le coorti che avevano perduto le insegne erano state collocate al di là della trincea e non avevano tende, mentre l'esercito era impaziente di gettarsi nella mischia per riscattare quanto prima l'onta subita. Il dittatore fece pertanto spostare il campo più avanti, nel territorio di Roselle. I nemici lo seguirono e, pur nutrendo dopo la vittoria grosse speranze di avere la meglio anche in un confronto in campo aperto, ciò nonostante ricorsero di nuovo alla tecnica dell'imboscata, di cui già si erano avvalsi con successo. Non lontano dall'accampamento romano c'erano le case dirocate di un villaggio messo a ferro e fuoco nel corso dei saccheggi alle campagne. I soldati nemici vi si andarono a nascondere, spingendo del bestiame di fronte a un presidio romano comandato dal luogotenente Gneo Fulvio. Poiché dalla postazione romana nessuno si lasciava attirare dall'esca, uno dei pastori arrivò fin sotto i dispositivi di difesa romani e gridando domandò ai compagni impegnati a sospingere con grande esitazione il bestiame fuori dai ruderi del villaggio che cosa avessero mai da aspettare, dato che potevano tranquillamente far passare gli animali attraverso l'accampamento romano. Alcuni soldati provenienti da Cere tradussero queste parole al luogotenente suscitando grande sdegno nei soldati di tutti i reparti, i quali però non osavano prendere alcuna iniziativa senza l'ordine del comandante; quest'ultimo ordinò allora agli interpreti di prestare attenzione se la lingua parlata da quei pastori fosse più simile a quella delle campagne o a quella di città. Quando gli venne riferito che l'inflessione della parlata, l'aspetto esteriore e la carnagione erano troppo raffinati per dei pastori, egli disse: *Andate, dite pure che rivelino il tranello che hanno cercato invano di nascondere: ormai i Romani sono al corrente di tutto, e ingannarli è difficile quanto superarli con le armi.*

Quando i sedicenti pastori sentirono queste parole e le andarono a riferire agli uomini pronti all'imboscata, i nemici saltarono immediatamente fuori dai nascondigli, e avanzarono in assetto da guerra verso la pianura che si apriva alla vista nella sua estensione. L'esercito schierato diede al luogotenente l'impressione di essere troppo massiccio perché il suo presidio fosse in grado di affrontarlo. Per questo mandò in fretta a chiedere aiuti al dittatore, sostenendo nel frattempo da solo l'urto dei nemici.

Quando il dittatore ricevette il messaggio, ordinò ai soldati di uscire dall'accampamento e di seguirlo con le armi in pugno. Occorse meno tempo ad eseguire gli ordini che a impartirli. Gli uomini afferrarono in un attimo armi e insegne, e non era facile impedire che partissero immediatamente di corsa. A pungolarli erano tanto la rabbia per la sconfitta subita quanto il frastuono che arrivava sempre più forte dal campo di battaglia a misura che lo scontro aumentava di intensità. Così si incitavano l'uno con l'altro,

esortando gli alfieri ad accelerare l'andatura. Ma il dittatore, più li vedeva impazienti, più era risoluto nell'ordinar loro di rallentare la marcia e di procedere lentamente. Dal canto loro gli Etruschi si erano gettati nella mischia impiegando subito tutte le loro forze. Un messaggero dopo l'altro arrivavano a riferire al dittatore che tutte le legioni etrusche stavano prendendo parte alla battaglia e che il presidio romano non era più in grado di resistere. Egli stesso poté vedere da un'altura in quali difficoltà si dibattessero i suoi. Confidando però nel fatto che il luogotenente fosse ancora in grado di reggere lo scontro, pur essendo già così vicino da poter accorrere in aiuto in caso di pericolo, volle che il nemico si sfiancasse il più possibile, in modo da poterlo aggredire con le truppe fresche quando ormai fosse allo stremo delle forze. Pur avanzando molto lentamente, restava ora poco spazio per lanciare la carica, specialmente per i cavalieri. In testa marciavano le insegne della fanteria, per evitare che il nemico avesse a sospettare mosse a sorpresa o tranelli. Ma il dittatore aveva lasciato intervalli tra le file di fanti, in modo che ci fosse spazio a sufficienza per far caricare i cavalli. Non appena si levò il grido di battaglia, i cavalieri si lanciarono a briglia sciolta contro i nemici che, impreparati a resistere all'urto imperioso della cavalleria, vennero colti da un attacco improvviso di panico. Così, anche se l'aiuto per poco non arrivava troppo tardi agli uomini che stavano per essere sopraffatti, ora poterono finalmente riposarsi per bene. Infatti subentrarono nel combattimento i soldati freschi, e lo scontro non fu più né incerto né si trascinò per le lunghe. Travolti, i nemici puntarono verso l'accampamento, e cedendo ai Romani che stavano già facendo breccia si andarono ad ammassare sul lato opposto del campo. I fuggitivi restarono intrappolati negli stretti passaggi delle porte: molti salivano sulla trincea e sul terrapieno, sperando di difendersi meglio da quella posizione elevata o di scavalcarne il perimetro in qualche punto e scappare. Ma per puro caso avvenne che il terrapieno, non essendosi ancora rassodato per bene, a causa del peso dei soldati che vi si trovavano al di sopra franò in un punto sbriciolandosi nel fossato sottostante: sfruttando quella breccia i nemici - più numerosi quelli disarmati che quelli armati - si precipitarono fuori urlando che gli dei avevano voluto aprire loro una via di fuga.
Quella battaglia fu la seconda occasione in cui la potenza etrusca venne sopraffatta, e il dittatore concesse agli sconfitti di mandare ambasciatori a Roma per discutere la pace, a patto che pagassero lo stipendio di un anno all'esercito e lo rifornissero di viveri per due mesi. La pace fu negata, mentre venne concessa una tregua di due anni. Il dittatore tornò a Roma in trionfo. Alcuni autori riferiscono che il dittatore riportò la pace in Etruria senza dover combattere battaglie degne di menzione, limitandosi a soffocare l'insurrezione degli Aretini grazie a una riconciliazione della plebe con la famiglia dei Cilni. Dopo la dittatura, Marco Valerio venne eletto console. Secondo alcune fonti egli venne eletto pur non avendo presentato la candidatura e per di più restando assente, e a presiedere quelle elezioni fu un *interrex*. Ciò su cui tutti si trovano d'accordo, è che egli detenne il consolato insieme ad Apuleio Pansa[134].

---

[134] Ibid.

**Oplita etrusco armato con corazza a campana ed elmo attico.
Chiusi, Tomba della Scimmia, VI secolo a.C.**

CLUSIUM, 295

Alla fine della terza guerra sannitica gli Etruschi, in coalizione con Galli, Sanniti, Sabini e Umbri, tentarono di opporsi ai Romani, ma nel 295 i Romani vinsero i Galli e i Sanniti a *Sentinum*[135], e quindi i Chiusini e i Perugini. Mentre al console Volumnio era toccata la campagna nel Sannio, ad Appio, toccò quella in Etruria, dove gli Etruschi si erano nuovamente sollevati, in seguito all'arrivo di un grosso esercito sannita. Dopo aver fronteggiato gli eserciti nemici in piccole scaramucce di poco conto, all'esercito romano in Etruria guidato da Appio, arrivò l'aiuto di quello condotto da Volumnio, arrivato dal Sannio, dove si era inizialmente recato, avendo lasciato ai due consoli dell'anno precedente il potere proconsolare, con l'incarico di tenere il Sannio. Nonostante l'inimicizia tra i due consoli, l'esercito romano riunito ebbe, probabilmente nei pressi di *Clusium*, la meglio su quello etrusco-sannita.

Livio, nel X libro, scrive che mentre nel Sannio venivano compiute queste imprese (non importa sotto il comando e gli auspici di chi), in Etruria molti popoli stavano preparando una grossa guerra contro i Romani; la mente dell'operazione era il sannita Gellio Egnazio.

Quasi tutti gli Etruschi avevano deciso di prendere parte a quel conflitto, che aveva contagiato le popolazioni della vicina Umbria, e anche truppe ausiliarie formate da Galli attirati dai soldi. Tutta questa gente si stava radunando presso l'accampamento dei Sanniti.

Quando la notizia dell'improvvisa sollevazione arrivò a Roma - dato che il console Lucio Volumnio era già partito alla volta del Sannio con la seconda e la terza legione e con 15.000 alleati -, si decise che Appio Claudio partisse quanto prima per l'Etruria. Lo seguivano due legioni, la prima e la quarta, e 12.000 alleati. L'accampamento venne posto non lontano dal nemico. L'arrivo del console servì più perché giunse opportunamente a trattenere con la sola paura del nome di Roma alcune popolazioni dell'Etruria che avevano già intenzione di entrare in guerra, che perché sotto il suo comando fosse stata realizzata qualche abile o riuscita operazione. Molti scontri si svolsero in punti e momenti sfavorevoli, e i nemici, fiduciosi com'erano nelle proprie forze, diventavano giorno dopo giorno sempre più temibili. Ormai si era già quasi arrivati al punto che i soldati romani non avevano fiducia nel comandante, né il comandante nei soldati. In tre diversi annalisti ho trovato che Appio avrebbe inviato al collega un messaggio col quale lo richiamava dal Sannio. Tuttavia non mi sento di accettare come vera la notizia, perché i due consoli romani - che ricoprivano quella stessa carica già per la seconda volta - si trovarono in disaccordo sullo svolgimento dei fatti: Appio negava di aver mandato il messaggio, mentre Volumnio sosteneva di esser stato convocato da una lettera di Appio.

Volumnio aveva già espugnato nel Sannio tre piazzeforti, uccidendovi circa 3.000 nemici e facendone prigionieri 1.500.

---

[135] Per una trattazione esaustiva della campagna di *Sentinum*, si veda Romeo di Colloredo 2020, pp. 99 segg.

In Lucania c'era poi stata un'insurrezione organizzata da plebei e indigenti: a sedarla, con grande soddisfazione degli ottimati, era stato Quinto Fabio, spedito in quella zona come proconsole, con il vecchio esercito.
Volumnio lasciò al collega l'incarico di mettere a ferro e fuoco il territorio nemico, e partì coi suoi uomini per l'Etruria, per raggiungervi il collega. Il suo arrivo venne salutato con entusiasmo da tutti. Ma Appio che, immagino, in base alla sua coscienza avrebbe dovuto o sentirsi a buon diritto in collera (nel caso non avesse scritto nulla), oppure dimostrarsi ingiusto e ingrato (qualora stesse cercando di nascondere la cosa pur avendo chiesto soccorso), gli andò incontro senza ricambiare il saluto e disse:
Come va, Lucio Volumnio? E la situazione nel Sannio? Cosa ti ha spinto ad abbandonare il fronte di guerra che ti è stato assegnato?.
Volumnio replicò che le cose nel Sannio procedevano bene, e aggiunse di essersi presentato perché convocato da un suo messaggio. Se però si trattava di un falso allarme, e non c'era bisogno di lui in Etruria, allora sarebbe immediatamente ripartito.
Vai pure, allora, replicò Appio, *nessuno ti trattiene: non ha senso che tu, che sei a malapena in grado di fronteggiare la tua campagna, ti debba vantare di esser venuto a portare aiuto agli altri.*
Augurandosi che Ercole potesse fare andare tutto per il meglio, Volumnio disse che preferiva aver perduto tempo invano, piuttosto che fosse successo qualcosa per cui in Etruria un solo esercito consolare non fosse sufficiente.
Mentre erano già sul punto di congedarsi, i due consoli vennero circondati dai luogotenenti e dai tribuni dell'esercito di Appio. Alcuni di essi imploravano il loro comandante di non respingere l'aiuto offerto spontaneamente dal collega (aiuto che sarebbe stato necessario richiedere); la maggior parte, attorniando Volumnio in atto di partire, lo supplicava di non tradire il paese per un'insulsa rivalità col collega: se solo ci fosse stato qualche disastro, la responsabilità sarebbe stata addossata più su chi aveva abbandonato l'altro che su chi era stato abbandonato. La situazione era tale, che ormai tutto il merito di un successo o il disonore di un insuccesso sarebbero toccati a Lucio Volumnio.
Nessuno si sarebbe preoccupato di sapere quali fossero state le parole di Appio, ma solo quale sorte fosse toccata all'esercito. Appio lo aveva congedato, ma a trattenerlo erano la repubblica e l'esercito: bastava solo mettesse alla prova la volontà dei soldati. Con queste parole di monito e queste suppliche essi riuscirono a trascinare nell'assemblea i due consoli riluttanti.
Là vennero pronunciati dei discorsi più argomentati, ma identici nella sostanza a quelli già pronunciati nella discussione ristretta. E poiché Volumnio, il quale aveva maggiori ragioni, quanto a doti oratorie non sembrava meno dotato del brillante collega,
Appio disse ironicamente che i soldati gli dovevano gratitudine, se ora avevano un console eloquente, da muto e senza lingua ch'era prima: nel corso del precedente consolato, non era mai riuscito ad aprire bocca, mentre adesso teneva discorsi che conquistavano il favore delle masse.
Volumnio allora ribatté: *Come preferirei che tu avessi imparato da me ad agire con decisione, piuttosto che io da te a esprimermi in maniera raffinata!*.
Poi propose di stabilire in questo modo chi dei due fosse non tanto il miglior oratore (non di questo aveva bisogno lo Stato), quanto il miglior generale: poiché le zone di operazione erano l'Etruria e il Sannio, Appio scegliesse pure quella che preferiva. Lui,

Volumnio, con il suo esercito avrebbe condotto la campagna indifferentemente sia in Etruria che nel Sannio.

Allora i soldati cominciarono a gridare che la guerra contro gli Etruschi doveva essere condotta collegialmente da entrambi.

E Volumnio, vedendo che tutti erano di questo avviso, disse: *Poiché ho sbagliato nell'interpretare le intenzioni del collega, non lascerò che restino dubbi circa le vostre: fatemi capire col vostro grido se preferite che io resti oppure che me ne vada.*

L'urlo che allora si levò fu così potente, che i nemici uscirono dalle tende e presero le armi andandosi a schierare in campo. Anche Volumnio fece dare il segnale di battaglia e ordinò di uscire dall'accampamento.

Pare che Appio abbia avuto un attimo di esitazione, constatando che la vittoria sarebbe stata merito del collega, che egli intervenisse nel combattimento o no. Poi, temendo che le sue legioni seguissero Volumnio, diede anch'egli il segnale di battaglia ai suoi che lo stavano chiedendo con impazienza. I due eserciti non avevano potuto schierarsi in maniera ordinata. Infatti da una parte il comandante dei Sanniti si era allontanato con alcune coorti per andare alla ricerca di rifornimenti e i soldati si gettavano nella mischia seguendo più l'stinto che gli ordini e la guida di un comandante; dall'altra, gli eserciti romani non erano stati portati in linea di combattimento nello stesso istante e non c'era stato nemmeno il tempo sufficiente perché le forze venissero schierate. Volumnio si scontrò col nemico prima dell'arrivo di Appio, e così nel fronte di combattimento non ci fu continuità.

E poi, come se il destino avesse voluto invertire i nemici di sempre, gli Etruschi andarono a fronteggiare Volumnio, mentre i Sanniti, dopo un attimo di esitazione per l'assenza del loro comandante, si presentarono nella zona di Appio. Pare che nel pieno dello scontro Appio levò le mani al cielo tra le prime file (in modo che tutti lo vedessero), pronunciando questa preghiera: *O Bellona, se oggi ci garantisci la vittoria, prometto di dedicarti un tempio.*

Dopo aver rivolto questa preghiera, quasi lo sospingesse la dea, eguagliò il collega in atti di valore, e i suoi uomini furono pari al generale. I comandanti fecero il loro dovere, mentre i soldati si impegnarono al massimo perché la vittoria non avesse inizio dall'altra parte dell'esercito. Così travolsero e misero in fuga i nemici, che non potevano reggere l'urto di forze superiori a quelle con cui di solito combattevano in passato. Incalzandoli quando cominciavano a cedere e poi inseguendoli mentre fuggivano disordinatamente, li ricacciarono verso l'accampamento. Lì l'arrivo di Gellio e delle coorti sannite fece sì che la battaglia si riaccendesse per un po' di tempo.

Ma anche queste nuove forze vennero in breve sopraffatte, e i vincitori si lanciarono all'assalto dell'accampamento.

Mentre Volumnio in persona spingeva le sue truppe contro la porta, e Appio infiammava gli animi dei suoi soldati continuando ad acclamare Bellona vincitrice, fecero breccia attraverso il terrapieno e il fossato. L'accampamento fu preso e saccheggiato. Il bottino prelevato fu cospicuo e venne lasciato ai soldati. Furono uccisi 7.800 nemici, fatti prigionieri 2.120.

Mentre entrambi i consoli e tutte le forze romane erano impegnati sul fronte della guerra etrusca, i Sanniti, allestito un nuovo esercito, cominciarono a mettere a ferro e fuoco i territori soggetti al dominio romano: scesi in Campania e nell'agro Falerno attraverso il territorio dei Vescini, colsero un ingente bottino.

Mentre Volumnio stava rientrando nel Sannio a marce forzate - per Fabio e Decio si stava già infatti avvicinando il termine della proroga dell'incarico -, le notizie relative all'esercito sannita e alle devastazioni nel territorio campano lo fecero deviare per andare a proteggere gli alleati[136].

La sconfitta impedì agli Etruschi di unirsi ai Senoni ed ai Sanniti a Sentinum, dove gli eserciti di *Clusium*, *Arretium* e *Perusia* avrebbero potuto essere decisivi nella battaglia, vinta dai Romani, e per di più negli stessi giorni anche in Etruria il propretore Gneo Fabio condusse la campagna attenendosi ai piani convenuti, e oltre a danneggiare il nemico devastandone le campagne, combatté pure con successo, uccidendo più di 3.000 Perugini e abitanti di Chiusi e catturando circa venti insegne militari[137].

Livio non dà altri particolari, ma dovette essere una dura sconfitta per gli Ertuschi se nel 460- 294 le città etrusche di *Volsinii*, *Perusia*, *Arretium*, e *Curtun* vennero sottoposte paci onerose.

Nelle vicinanze del lago Vadimone, nello stesso luogo teatro della sconfitta etrusca del 445 a. U.c.- 309 a. C, i Romani, guidati dal console P. Cornelio Dolabella, sconfissero nel 471- 283 un esercito di Galli - Senoni o Boi - e di Etruschi; vittoria questa che segnò la fine della potenza etrusca.

. I Galli Boi decisero addirittura di lasciare l'Italia per i Balcani.

Nello stesso anno l'esercito epirota guidato da Pirro sbarcava a Taranto in funzione anti-romana.

Nel 280 per evitare rivolte i Romani inviarono in Etruria un esercito guidato dal console Tiberio Coruncanio per controllare *Volsinii* e Vulci che caddero in mano ai legionari. Vulci perse definitivamente la sua indipendenza e dovette cedere gran parte del territorio costiero. L'esercito romano d'Etruria venne spostato sul fronte meridionale contro gli Epiroti.

Probabilmente la mancata vittoria degli Etruschi impedì a Pirro di avanzare verso Roma da *Praeneste*, dove era già arrivato.

Nel 273 nel territorio di Vulci fu creata la colonia costiera di *Cosa* per sorvegliare la costa.

Nella prima metà del III sec. i Romani avevano ormai tutta l'Etruria. per ultima *Volsini* nel 264 come si vedrà nel prossimo capitolo. Furono fondate varie colonie, ma iniziò un periodo di decadenza per il prevalere dei latifondi e del lavoro servile e per la diffusione della malaria. Nelle lotte tra Mario e Silla gli Etruschi si schierarono per il primo: furono puniti da Silla nell'81-80 con gravi confische e l'impianto di colonie militari, come ad Arezzo e a Fiesole. Anche dopo essere divenuta con Augusto settima regione d'Italia, nonostante la profonda opera di livellamento attuata dai Romani, l'Etruria conservò a lungo proprie caratteristiche culturali.

---

[136] Liv., X, 18- 19.
[137] Ibid., X, 30. Lo scontro si svolse forse in territorio perugino.

LA DISTRUZIONE DI *VOLSINII*, 264

Ultima avversaria di Roma rimanevala città *Volsinii*, collocata in cima alla rupe tufacea su cui oggi sorge Orvieto, in una posizione dunque strategicamente fortissima.
Valerio Massimo la definì capitale dell'Etruria, per la presenza del *fanum Voltumnae*, il santuario federale identificato oramai con sicurezza con il sito del Campo della Fiera.
Velzna (*Volsinii*), visse un periodo di grandezza e prosperità dal IX secolo a.C. che la portò ad essere una tra le principali città della Lega etrusca che governava la vita politica e religiosa del popolo etrusco. E' probabilmente risalente a tale periodo la nascita del *Fanum Voltumnae*, il centro politico- religioso dove ogni primavera veniva eletto il capo della federazione etrusca, lo *zilath Rasnal*, in latino *praetor Etruriae*.
La prima menzione di *Volsinii* nell'antichità si riferisce all'anno 392 a. C., a proposito di incursioni compiute in territorio romano dai Volsiniensi con esito sfortunato.
Livio descrive quattro guerre tra Volsinii e Roma nel periodo che va dal 362 al 474 a.U.c.- 392-280 a.C.:

1. [Nel 362 a.U.c.- 392 a.C.] scoppiò una nuova guerra con Volsinii, dove non si poteva condurre un esercito, a causa di una carestia e di una pestilenza nei territori romani, nata dalla siccità e dal caldo eccessivo; per cui i Volsiniensi, congiuntisi con i Salpini, esultanti d'orgoglio, compirono senza essere stati provocati un'incursione nei territori romani. Fu quindi proclamata la guerra contro i due stati..... Il primo scontro fu con i Volsiniensi. La guerra, importante per il numero dei nemici, portata a termine fu senza difficoltà. Al primo assalto, il loro esercito fu messo in fuga. 8.000 soldati, accerchiati dalla cavalleria, deposero le armi e si arresero. Il resoconto ricevuto di quella guerra ebbe l'effetto di impedire ai Salpini di azzardare uno scontro; le truppe si rifugiarono al sicuro all'interno delle loro città. I Romani razziarono ovunque, sia nel territorio salpiniano nel volsiniense, non essendovi chi respingesse quell'aggressione; finché ai Volsiniani, sfiniti dalla guerra, fu concessa una tregua per 20 anni, a condizione che si arrendessero al popolo romano e fornissero la paga dell'esercito per quell'anno[138].

2. [Nel 308 a.C., poco prima della battaglia con gli Umbri a Mevania], Decio [il console Publio Decio Mure] ... prese d'assalto diverse fortezze dei Volsiniensii, alcune delle quali demolì, perché non servissero come rifugi al nemico, ed estendendo le sue operazioni da ogni parte, diffuse un tale terrore delle sue armi, che tutta la nazione etrusca si rivolse al console per un'alleanza. Ciò che non ottennero, ma fu loro concessa una tregua per un anno. La paga dell'esercito romano per quell'anno venne data dal nemico, e si pretesero due tuniche per ogni soldato: questo era il prezzo della tregua[139].

3. [Subito dopo la battaglia di *Sentinum* del 294 a.C.], Postumio [Lucio Postumio Megello, console per quell'anno] devastò per primo le terre dei Volsiniensi; e poi, marciando per proteggere il loro paese, riportarono una vittoria decisiva su di loro, a poca distanza dalle loro stesse mura. 2.200 Etruschi furono uccisi; la vicinanza

---

[138] Liv. V, 31.
[139] Id., IX, 41.

della loro città salvò il resto. ... Ma una pace, stipulata quell'anno in Etruria, era ancora più importante e onorevole di quanto non fosse stata la guerra. Tre città molto potenti, le principali dell'Etruria, (*Volsinii, Perusia* e *Arretium*) chiesero la pace; e avendo pattuito col console di fornire indumenti e frumento al suo esercito, a patto che gli fosse concesso di mandare deputati a Roma, ottennero una tregua di 40 anni, e fu inflitta a ciascuno stato una multa di 500.000 assi, da pagarsi subito[140].

4. [Nel 282 a.C. scoppiò la guerra contro] i Volsiniensi e i Lucani, quando i Romani decisero di sostenere contro di loro gli abitanti di *Thurii*[141]

Volsinii è dunque tacitamente compresa fra gli stati etruschi che parteciparono alla guerra del 311 a. C., e, come detto nel 294 a. C. i Volsiniensi furono sconfitti dal console L. Postumio Megello e fu loro accordata, come ai Perugini e agli Aretini, una pace di 40 anni. Un'altra sconfitta subirono nel 280 a. C. insieme coi Volcenti loro alleati, ed è probabile che venissero allora definitivamente soggiogati dai Romani. 7
Nel 489- 265 la plebe di *Volsinii* si ribellò al governo dei patrizi, che vennero scacciati dalla città. Probabilmente un governo popolare aveva rimpiazzato un governo oligarchico filoromano e i Romani intervennero per ripristinare la situazione divenuta a loro sfavorevole, con una spedizione guidata dal console Quinto Fabio Gurgite, che sconfisse le truppe etrusche inviate a sbarrargli il passo ma morì nello scontro.
Il console Marco Fulvio Flacco pose l'assedio alla città, che cadde dopo una lunga resistenza.
In contrasto con le scarse fonti disponibili per il 280 a.C., diverse fonti documentano gli eventi del 265-4 a.C., quando *Volsinii* fu scossa dalla rivolta sociale; Valerio Massimo ha fornito una serie di esempi del danno arrecato a varie città dal vizio, incluso un racconto moraleggiante sulla situazione a *Volsinii* in quel momento storico:

[I vizi] portarono alla rovina anche la città di *Volsinii*. Era stata ricca, con costumi e leggi ben consolidate, ed era considerata la capitale dell'Etruria. Tuttavia, dopo la sua discesa nel lusso, fu sepolta nell'ingiustizia e nella bassezza, che portarono all'insolente dominio degli schiavi. Inizialmente, pochissimi schiavi osarono entrare nell'ordine senatoriale, ma in seguito arrivarono a controllare l'intero stato. [Ad esempio, regolarmente]: si facevano fare testamenti redatti a loro favore; proibirono agli uomini nati liberi di riunirsi ai banchetti e altrove; e sposarono le figlie dei loro padroni. Infine, promulgarono una legge che consentiva loro di violentare mogli e vedove impunemente e che specificava che nessuna vergine poteva sposare un uomo nato libero prima di essere deflorata da uno di loro[142]

Paulo Orosio, che scrive nel 417 d.C. circa, dà un resoconto simile a quello di Valerio Massimo:

[Nel ca. 264 a.C.], i Volsiniensi, il più fiorente dei popoli etruschi, quasi perirono a causa della loro sfrenatezza. Dopo aver fatto della licenza un'abitudine, liberarono

---

[140] Id., X, 35.
[141] *Periochae*, XI,12.
[142] Val. Max., *Factorum ac dictorum memorabilium libri*, IX, 9:1 ext. 2.

indiscriminatamente i loro schiavi, li invitarono ai banchetti e li onorarono con il matrimonio. Gli schiavi liberati, ammessi a una quota del potere, tramarono criminalmente per usurpare il dominio completo dello stato e, sollevati dal giogo della schiavitù, furono consumati dal desiderio di rivoluzione. Una volta liberi, maledissero quei padroni che loro, come schiavi, avevano devotamente amato, perché ricordavano che questi uomini erano stati loro padroni. Gli schiavi liberati quindi cospirarono per commettere un crimine e rivendicarono la città catturata solo per la loro classe. Il loro numero era così grande che realizzarono il loro scopo avventato senza una vera resistenza. Si appropriarono criminalmente dei beni e delle mogli dei loro padroni e costrinsero questi ultimi ad andare in un lontano esilio. Questi esuli miserabili e indigenti si recarono a Roma. Qui hanno mostrato la loro miseria e hanno perorato in lacrime la loro causa. Furono vendicati e restituiti alle loro precedenti posizioni attraverso il severo dominio dei Romani[143].

Cassio Dione (come riassunto da Giovanni Zonaras) ha registrato che:

Questi popoli [di *Volsinii*] erano i più antichi degli Etruschi: avevano acquistato potere e avevano eretto una cittadella fortissima, ed avevano uno stato ben governato. Quindi, in una certa occasione, quando erano stati coinvolti in guerra con i Romani, avevano resistito molto a lungo. Dopo essere stati sottomessi, tuttavia, si lasciarono andare a un indolente agio, lasciarono il governo della città ai loro servi e si servirono anche di questi servi, di regola, per portare avanti le loro campagne. Infine, li incoraggiarono a tal punto che i servi acquistarono potere e spirito e sentirono di avere diritto alla libertà; e, in effetti, nel corso del tempo, l'hanno effettivamente ottenuto attraverso i propri sforzi. Dopodiché, erano soliti sposare le loro amanti, succedere ai loro padroni, essere iscritti al senato, assicurarsi gli uffici e [assumere] l'intera autorità da soli. Inoltre, non erano affatto lenti a ricambiare i loro padroni per eventuali insulti e simili che venivano loro offerti. Onde gli antichi cittadini, non potendo sopportarli e non possedendo potere proprio di punirli, di nascosto mandarono ambasciatori a Roma. Gli inviati sollecitarono il senato a riunirsi segretamente di notte in una casa privata, in modo che nessuna notizia potesse arrivare all'estero, e ottennero la loro richiesta. I senatori, di conseguenza, deliberarono con l'impressione che nessuno stesse ascoltando; ma un certo Sannita, che era ospitato dal padrone di casa ed era malato, rimase a letto inosservato e, saputo ciò che era stato votato, dava informazioni a coloro contro i quali si preferiva l'accusa. Questi sequestrarono e torturarono gli inviati al loro ritorno; e quando seppero ciò che stava accadendo, uccisero anche gli inviati e gli altri uomini più importanti[144].

Cassio Dione descrive poi come, dopo che i nobili di Volsinii avevano chiesto aiuto, i romani inviarono un esercito secondo i termini del trattato:

[Quinto] Fabio sconfisse coloro che gli venivano incontro, ne uccise molti durante la fuga, rinchiuse il resto entro le mura e diede l'assalto alla città. Fu ferito e ucciso in quell'azione, dopodiché il nemico guadagnò fiducia e fece una sortita. Dopo essere stati nuovamente sconfitti, si ritirarono e subirono un assedio; e quando furono ridotti alla fame, si arresero. Il console [Marco Fulvio Flacco] fece flagellare a morte gli uomini che si erano impadroniti degli onori della classe dirigente, e rase al suolo la città; i

---

[143] Hor., *Historiae adversum Paganos*, 4,5
[144] Cass. Dio., *Hist. Rom.*, 10

cittadini locali, tuttavia, e tutti i servi che erano stati fedeli ai loro padroni, furono ricollocati da lui in un altro sito[145]

La città venne depredata e distrutta dai Romani: secondo Metrodoro di Scepsi i Romani si impadronirono di duemila statue di bronzo conservate nel *Fanum Voltumnae*.
Gli abitanti vennero trasferiti sulle rive del lago di Bolsena a *Volsinii Novi*.
Le Calende di novembre del 490- 264 (ossia il primo novembre) il console Marco Fulvio Flacco celebrò il trionfo *apud Volsinienses*.
Nel trionfo sfilò per Roma il ricco bottino preso a *Volsinii*, tra cui le numerosissime statue in bronzo già ricordate, offerte in dono agli dei: negli scavi del santuario dell'area sacra di Sant'Omobono a Roma, è stata rinvenuta la base di uno di questi donari, identificato dall'iscrizione di dedica del console Flacco.

M FOLV[IO Q F COS]OL D VOLSI[NIO CAP]TO (CIL I 2836)

M[arco] Fulv[io, figlio di Quinto, cons]ole, d[edicò] dopo la cattura di *Volsinii*.

Ne esisteva anche una seconda, dall'iscrizione analoga.
Alba Frascarelli ha dimostrato la stretta somiglianza tra questo donario in Campo della Fiera e gli altari gemelli che Marco Fulvio Flacco fece erigere a Roma, al tempo del suo trionfo su *Volsinii* ha suggerito che questi tre altari condividessero non solo la loro cronologia ma anche la loro progettazione e costruzione[146].
La coppia di altari votivi venne rinvenuta nel 1961 nel sito del santuario di *Mater Matuta* e *Fortuna Virilis* (poi Sant'Omobono) fondato da Servio Tullio nel VI secolo a.C.
La superficie superiore di ciascuna presentava numerosi fori, che avrebbero ospitato una serie di piccole statue. Poiché Fortuna (come Minerva) era una divinità romana affine a Nortia, è ragionevole supporre che queste statue fossero prevalentemente offerte votive a *Nortia* che Marco Fulvio Flacco aveva asportato al tempo della sconfitta di Volsinii nel 264 a.C.
Nella stessa occasione venne inoltre edificato sull'Aventino, secondo l'uso romano dell'*evocatio*, che abbiamo già visto in occasione della presa di Veio, un tempio dedicato al dio *Vertumnus* o *Vortumnus*, ossia Voltumna secondo *l'interpretatio* romana, dove sarebbero state presenti pitture raffiguranti il console Flacco quale trionfatore sulla città etrusca.
Come scrive Friderich Prayon, All'espansione romana, quale è più volte testimoniata per il IV e l'inizio del III secolo a.C. nell'opera di Livio, non potè opporsi una reazione

---

[145] Ibid.
[146] A. Frascarelli, "Un donario monumentale a Campo della Fiera", cit., pp. 141.

collettiva da parte degli Etruschi perché mancarono i presupposti militari e, probabilmente, anche economici.

In effetti pare che anche nelle città-stato etrusche, analogamente a ciò che accadde a Roma nella lotta di potere tra patrizi e plebei, i disordini interni abbiano turbato l'equilibrio economico, come si è visto nel caso di *Volsinii*: come sottolinea lo studioso tedesco, le conseguenze dell'aver chiesto aiuto a Roma furono durissime e, soprattutto, inattese per coloro che avevano chiesto soccorso: la potente Volsinii, che già dal 474 a.U.c.- 280 a.C. circa era praticamente sotto il controllo romano, fu assediata e conquistata e l'intera popolazione di Orvieto venne trasferita con la forza sulle rive del lago di Bolsena, nel luogo in cui l'odierna città di Bolsena, in latino *Volsinii novi*, conserva il ricordo dell'antico nome.

Il tramonto di Veio e di *Volsinii* dimostra due cose: da una parte l'incapacità degli Etruschi di cooperare nel campo della politica estera, dall'altra l'errore che essi commisero nel sottovalutare la politica di potere romana[147].

---

[147] Prayon 1999, pp. 60-61.

Disegno ottocentesco di un'urna cineraria volterrana con Eteocle e Polinice, III- II secolo a.C.
I due indossano elmi di tipo montefortino e una corazza lamellare

FINIS ETRURIAE

Durante la prima guerra punica furono aumentate le difese costiere nella zona di *Caere* e di Vulci contro possibili mianacce cartaginesi provenienti dalla Sardegna; nel 508- 246 venne fondata la fortezza di *Alsium* , nelle vicinanze dell'odierna Palo, mentre l'anno dopo venne costituita la colonia di *Fraegene*.

Subito dopo la conclusione della guerra con i Cartaginesi, i Romani dovettero affrontare la ribellione di *Falerii*. Quattro legioni, al comando di Quinto Lutazio e Aulo Manlio Torquato conquistarono *Falerii*.

Gli abitanti furono costretti a spostarsi a *Falerii Novi*, a circa sei chilometri dalla città falisca.

Nel 529- 225 i Celti si rimisero in marcia attraverso gli Appennini. Cinquantamila fanti e ventimila cavalieri si riversarono in Etruria. Aggirarono *Arretium*, validamente difesa da truppe romane, e si fermarono nei pressi di *Clusium*. Il primo a giungere sul posto fu l'esercito del console Emilio Papo, proveniente dalla costa adriatica. I Celti attirarono Papo in una trappola dove persero la vita seimila uomini.

I Celti, lasciata *Clusium*, girarono intorno al Monte Amiata, poi si diressero verso lacosta tirrenica e presero a risalire verso nord. Intanto il console Caio Attilio Regolo era sbarcato a Pisa e si dirigeva verso sud in direzione di Roma.

Con reciproca sorpresa, nella baia di Talamone, si incontrarono i due eserciti romano e celtico; divampò la battaglia, nella quale Caio Attilio Regolo morì combattendo. La sorte sembrava essere favorevole ai Celti quando arrivò l'altro esercito consolare al comando di Emilio Papo, che prese i Galli alle spalle, annientandoli. Quarantamila Celti perirono, tra questi il loro re Concolitano. Sedicimila furono fatti prigionieri.

Polibio scrisse che a Talamone *il giavellotto romano umiliò l'orgoglio celtico.*[148]

L'enorme bottino che i Celti avevano raccolto con le loro razzie finì nell'erario di Roma Nel 536- 218 ebbe la seconda guerra punica, che vide nell'Etruria settentrionale il primo teatro di battaglia.

Annibale superò le Alpi e poi si apprestò a valicare gli Appennini. I Romani avevano schierato un esercito sull'Adriatico sotto la guida del console Gneo Servilio ed un altro ad *Arretium*, al comando di Caio Flaminio.

Annibale aggirò Flaminio con una marcia di quattro giorni attraverso le paludi dell'Arno, che quell'anno aveva provocato una inondazione., poi si diresse verso *Perusia* passando dalla Val di Chiana, mettendo a ferro e fuoco tutta la zona intorno al Trasimeno provocando il console ad accettare battaglia. Flaminio non volle aspettare l'esercito di Servilio e si pose all'inseguimento di Annibale, che fece scattare la trappola sulle rive del lago Trasimeno il 21 giugno 537- 217.

Quindicimila romani vennero uccisi, quindicimila prigionieri, diecimila dispersi. La notizia provocò movimenti anti-romani nell'Etruria settentrionale, ma senza che le città stato defezionassero a favore di Annibale, il quale continuò la marcia verso sud.

Nell'inverno 541-542 a.U.c.- 213-212 a.C. Annibale giunse a Taranto. Si ebbero fermenti in Etruria ed i Romani inviarono due legioni per reprimere possibili sommosse.

---

[148] Pol., *Hist.*, II, 22.

La guerra costava cara, e Roma chiedeva continuamente aiuti economici e militari agli alleati e alle colonie. Nel 545- 209 dodici colonie, tra cui *Sutrium* e *Nepet*, si rifiutarono di dare uomini e denaro.

Nello stesso anno Caio Calpurnio Pisone inviò a Roma la notizia di una possibile rivolta ad *Arretium*. Intervenne il console Marco Claudio Marcello che riportò immediatamente l'ordine.

Nel 208 ci furono nuovamente sommosse nell'aretino. Caio Ostilio prese in ostaggio centoventi figli di senatori aretini li consegnò al propretore Caio Terenzio Varrone. La pace venne velocemente ristabilita, ma un sentimento anti-romano rimase abbastanza diffuso.

L'appaltatore Marco Pomponio di *Pyrgi* e il suo socio Lucio Pomponio di Veio, entrambi .Etruschi con cittadinanza romana, frodarono lo Stato romano mediante finti naufragi. Anziché rifornire le legioni che combattevano oltremare incassavano ricchi premi di risarcimento per navi che non esistevano che nella loro fantasia. Al momento del processo i due truffatori, sostenuti da altri appaltatori, inscenarono tali movimenti di piazza che l'azione giudiziaria dovette essere sospesa. Lucio Pomponio riuscì a fuggire in Lucania presso i Cartaginesi. Da Silio Italico sappiamo come le città etrusche inviarono truppe inquatrate in *alae sociorum* equipaggiate come i legionari romani che combatterono contro Annibale, come nella battaglia di Canne. Silio, per esempio, parlando della presenza di soldati fiesolani alla battaglia di Canne scrive: *c'era anche* Faesulae, *interprete del sacro fulmine alato*[149].

Nel 547- 207 Asdrubale, fratello di Annibale, giunse in Italia settentrionale: mercenari etruschi e umbri accorsero a combattere con il punico. Sul Metauro, a sud dalla colonia latina di *Ariminium*, i Cartaginesi furono sconfitti da livio Salinatore e Asdrubale morì in battaglia. In Etruria venne inviato il console Marco Livio per verificare chi aveva tradito. Vennero istituiti tribunali di guerra che durarono fino al 205. Nel 205 gli Etruschi contribuirono all'approntamento della spedizione che Scipione l'Africano stava predisponendo per attaccare Cartagine.

Caere fornì cereali e viveri di ogni specie, Populonia ferro e metalli, Tarquinia lino per le vele, *Volaterrae* resina e pece per le navi, oltre ai cereali, *Perusia*, *Clusium* e *Rusellae* legname da costruzione e cereali. *Arretium* tremila scudi, tremila elmi probabilmente di tipo Montefortino, centomila lance corte (*pila*) e lunghe, cinquantamila giavellotti, asce, pale, uncini, conche e mortai per quaranta navi da guerra, centoventimila moggi di grano e il denaro per il vitto dei rematori e dei sottufficiali[150]. Da questo elenco risulta che *Arretium* era divenuta la capitale economica dell'Etruria.

Nell'estate del 549- 205 Magone, fratello di Annibale, sbarcò a Genova con un nuovo esercito punico. Arruolatori di mercenari e gruppi di infiltrati entrarono in Etruria. Il proconsole Marco Livio Salinatore dovette intervenire con le sue legioni. Nel 206 il console Marco Cornelio dovette nuovamente riportare l'ordine in Etruria con tribunali militari.

Nel 552- 202 Scipione sconfisse a Zama Annibale. La terribile seconda guerra punica aveva termine, e Roma era oramai la potenza egemone nel Mediterraneo occidentale.

---

[149] *Adfuit et sacris interpres fulminis alis, Faesula* (Sil. Ital., *De Bello Punico*, VIII, 478).
[150] Liv., XXVIII, 45, 15. Sul fatto che gli elmi fossero di tipo Montefortino, cfr. R. D'Amato, A. Salimbeni, *Gli Etruschi. Una storia militare. IX- II secolo a.C.*, tr.it. Gorizia 2019, p.82.

Nel 563- 191 furono dedotte due colonie romane a *Pyrgi* e a *Castrum Novum*, nel territorio di *Caere*. Nel 567- 187 il console Caio Flaminio fece costruire la via Flaminia da *Arretium* a *Bononia*, su antichi percorsi etruschi.

Nel 183 fu fondata *Saturnia*, nel territorio di Vulci.e due anni dopo venne dedotta la colonia di *Graviscae* nel territorio di Tarquinia.

Alla fase violenta della conquista romana dell'Etruria, iniziata con la conquista di Veio nel 358 a.U.c.- 396 a.C. e proseguita con il controllo assoluto della costa tirrenica confiscata a *Caere*, Tarquinia, Vulci e *Rusellae* tra il 460- 481 a.U.c.- 294-273 a.C., fecero seguito interventi improntati a un'estrema razionalità organizzativa. In concomitanza con le operazioni di colonizzazione: incominciava la costruzione della rete stradale romana, realizzata a partire dalla metà del III secolo a.C., che nacque con funzionalità puramente belliche e poi divenne veicolo essenziale della romanizzazione delle campagne e fattore di valorizzazione dei terreni e di diffusione delle proprietà senatorie[151].

Nel II secolo a.C., mentre l'Etruria veniva coinvolta nei contrasti riguardanti Roma e i territori italici, si manifestò il profondo interesse delle classi senatorie per le potenzialità economiche delle terre etrusche, rivolto in un primo momento agli agri più vicini a Roma, il ceretano e il veientano, dove le antiche città, slegate dai nuovi sviluppi del territorio, lentamente scomparivano.

Verso la fine del secolo la crisi della piccola proprietà contadina coinvolse anche le campagne dell'*Etruria* centrale, toccando l'apice nei primi anni dello scontro tra Mario e Silla.

La riforma dei Gracchi che, come sembra, non aveva provveduto ad ampie assegnazioni, non modificò sostanzialmente la situazione della regione. Le fonti riportano limitate notizie di difficile verifica relative ad *Arretium, Ferentum*[152], Tarquinia[153].

Nel caso di Tarquinia i nuovi coloni sono stati riconosciuti in un nutrito gruppo di personaggi con nomi non etruschi che compare nel panorama epigrafico tardorepubblicano della città.

Negli anni successivi, l'esplicita volontà dei domini del Nord di conservare l'equilibrio sociale raggiunto è probabilmente all'origine della resistenza da parte di Etruschi e Umbri verso la legge agraria di M. Livio Druso nel 91 a.C.[154].

Dovevano sussistere in ogni caso, soprattutto nelle zone costiere e meridionali dell'Etruria, estese sacche di disagio sociale.

A Talamone, la documentazione del II secolo a.C. sembra interpretabile in questo senso: il frontone con la rappresentazione della lotta fratricida dei Sette contro Tebe potrebbe alludere proprio alla situazione contrastata del tempo, mentre i depositi votivi

---

[151] M. Celuzzi, "L'Italia romana delle *Regiones*. *Regio* VII Etruria", *Il mondo dell'archeologia*, Roma 2004.

[152] A *Ferentum* anche in età romana è documentata la presenza della *gens Salvia*, nobile ed antica famiglia etrusca, forse collegabile con la *gens* che abitò il palazzo di Acquarossa, il cui esponente più importante fu Marco Salvio Otone, imperatore nell' 822 a.U.c.- 69 d.C., definito da Svetonio appartenente a *familia vetere et honorata atque ex principibus Etruriae* (Suet., *Oth.*, 1). Su Otone, P. Romeo di Colloredo, *Roma contro Roma. L'anno dei quattro imperatori e le due battaglie di Bedriacum*, Bergamo 2016, *passim*.

[153] *Lib. col.*, pp. 2-15, 216, 219 Lachmann.

[154] App., *Bell. civ.*, I, 36, 162-4.

rinvenuti nelle vicinanze, con *ex voto* a forma di armi e attrezzi agricoli, testimoniano un culto di contadini-soldati e, indirettamente, l'esistenza di quella classe di pastori liberi e semiliberi e di agricoltori privati dei loro possessi, forse in parte di origine etrusca, che costituì poi la base di reclutamento per l'esercito mariano nell'87[155].

L'insieme dei dati noti sul santuario contribuisce a delineare un ambiente ancora sostanzialmente etrusco o comunque non romanizzato, con caratteri di unicità nell'area conquistata nel III secolo a.C.

Con l'89. gli Etruschi, come gli altri alleati italici, ricevettero la cittadinanza romana e le città ebbero poco dopo l'ordinamento municipale con i quattuorviri come magistratura suprema.

Va però ricordato che prima di questa data, nel 92, Marco Peperna aveva già rivestito il consolato, primo console di origine etrusca.

Formalmente questa data segna l'avvenuta romanizzazione dell'Etruria, ma non ancora l'inizio della pace. L'archeologia documenta con grande evidenza gli aspetti traumatici dell'intervento sillano in *Etruria*, contrassegnato da ampie confische e già noti, attraverso le fonti letterarie, per *Arretium*, *Clusium*, *Volaterrae*, *Populonia*.

I tesoretti seppelliti fra l'81 e il 79 a Capalbio, in territorio cosano; a San Miniato, presso Firenze; a Mondano, presso Talamone, si affiancano ai segni inequivocabili di distruzione riconosciuti negli scavi di Vetulonia, di *Rusellae*, di Talamone: quest'ultimo centro, con il grande santuario, non si riprenderà più, restando disabitato fino al VI secolo.

La colonizzazione sillana toccò certamente *Faesole* e *Arretium*.

Erano coloni sillani gli *Arretini Fidentiores*[156] testimoniati ancora come comunità autonoma nel I secolo.[157]

Le assegnazioni sillane, insieme con i rapidi e cospicui passaggi di proprietà di quegli anni, portarono alla formazione di nuovi patrimoni fondiari e alla costruzione di nuove ville, soprattutto lungo la costa.

Rientrano in quest'ambito le proprietà di Attico nell'aretino, quelle dei Domizi Enobarbi[158] e dei Sesti[159] nel territorio di Cosa e quelle di P. Clodio[160] lungo l'Aurelia, nel territorio di *Rusellae*.

Le assegnazioni di terra volute da Cesare toccarono forse i territori di *Volaterrae*, Capena, *Veii*, *Castrum Novum*. Attestazioni di *coloniae iuliae* (*Arretium*, *Saena Iulia*, *Pisae*) vengono in genere considerate triumvirali, con l'eccezione di *Castrum Novum* e *Lucus Feroniae* che potrebbero essere state vere colonie cesariane.

Dopo la guerra di Perugia del 41, che vide lo scontro fra la fazione di Ottaviano e quella di Antonio, l'Etruria fu oggetto di un'ultima imponente operazione di colonizzazione e di distribuzioni viritane che portò all'affermarsi definitivo della cultura romana nella zona settentrionale.

---

[155] Plut., *Mar.*, 41.
[156] Plin., *Nat. hist.*, III, 52.
[157] CIL XV, 665.
[158] Caes., *Bell. civ.*, I, 34, 2.
[159] Cic., *Att.*, XV, 27, 1.
[160] Cic., *Phil.*, XII, 23; *Mil.*, 74.

Intorno alla metà del secolo o poco dopo si registra infatti l'abbandono generalizzato della lingua etrusca nelle iscrizioni; da questo momento la sopravvivenza della cultura etrusca fu legata esclusivamente alle scelte ideologiche delle classi dominanti ed alla conservazione dell'*Etrusca Disciplina*.

Una vera deduzione coloniale con vasti agri centuriati e nuovi impianti urbanistici ortogonali è riconoscibile a *Colonia Iulia Opsequens Pisana* (Pisa), a *Florentia* (Firenze, che fu fondata *ex novo* o, al massimo, su un precedente villaggio), a *Luca*, ad *Arretium* ove la centuriazione presenta due diversi orientamenti, forse riferibili ai successivi interventi sillano e triumvirale.

Anche un tratto del territorio di *Volaterrae*, la bassa Val d'Elsa, ebbe una centuriazione, mentre il territorio di *Saena Iulia* (Siena), come quello di *Rusellae* più a sud, non sembra conservare traccia di divisioni agrarie. A Pistoia, infine, non è documentata una colonia, ma solo una riorganizzazione urbanistica della città e assegnazioni viritane nel territorio sul quale sembra estendersi la centuriazione di Firenze.

PORTA DI GIOVE, FALLERI.

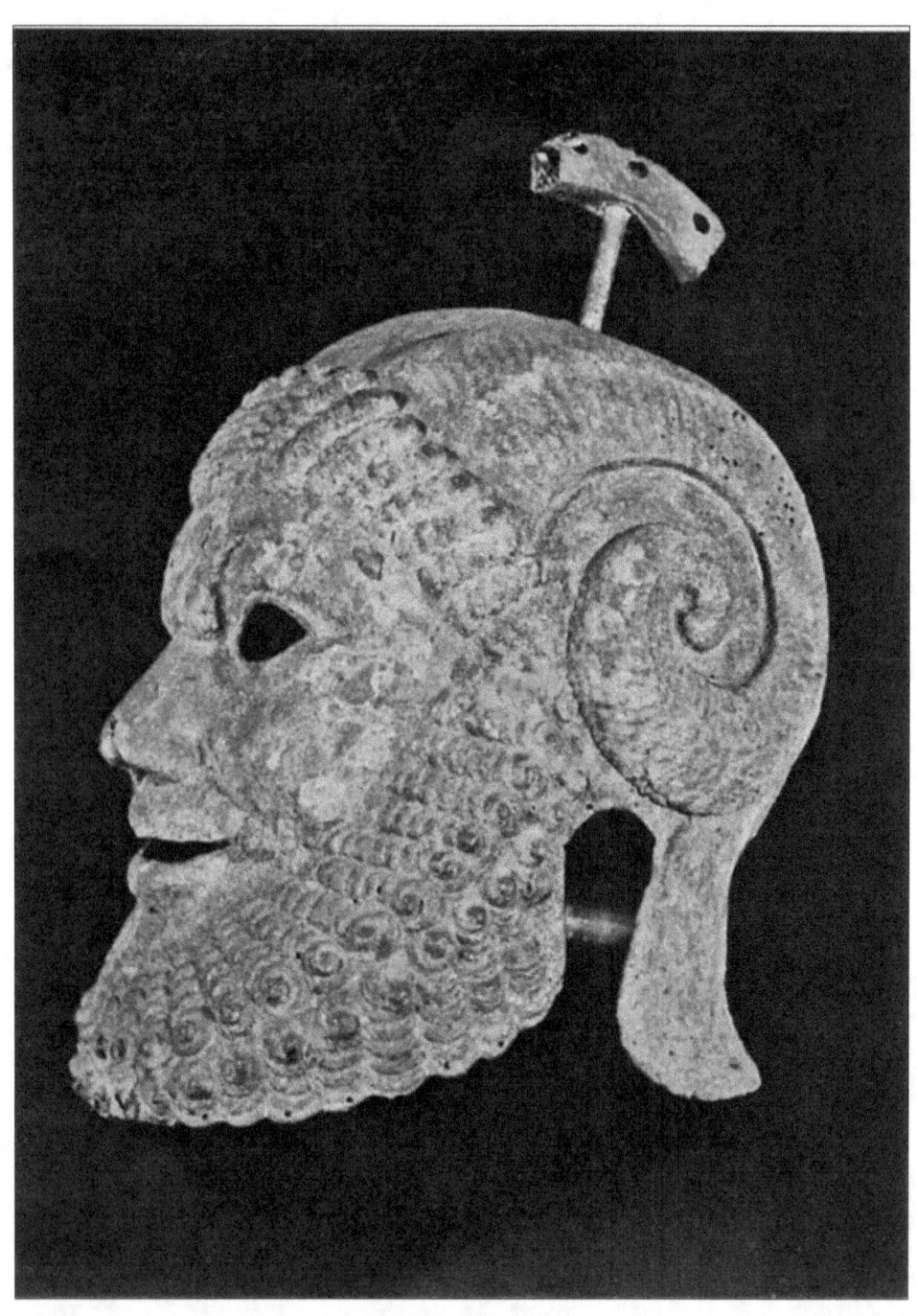

Elmo da parata etrusco a maschera, V- IV secolo a.C.

Elmo calcidico in bronzo con applicazioni in argento, da Todi. Roma, Museo Nazionale Etrusco di Villa Giulia

Elmo in bronzo di tipo Negau, 550-460 a.C. ca., dall'isola d'Elba

Il mostro Gerione, rappresentato con una corazza di lino (*linothorax*), scudo oplitico e lancia. Tarquinia, Tomba dell'Orco, 325- 300 a.C.

Corteo al seguito di un magistrato, con littori armati di bipenni.
Tarquinia, tomba del Convegno, II sec. a.C.

Riproduzione ottocentesca degli affreschi della Tomba Francois di Vulci.
Achille, l'ombra di Patroclo, *Charun* e *Vanth*, dea alata della morte, assistono
all'uccisione dei prigionieri. troiani

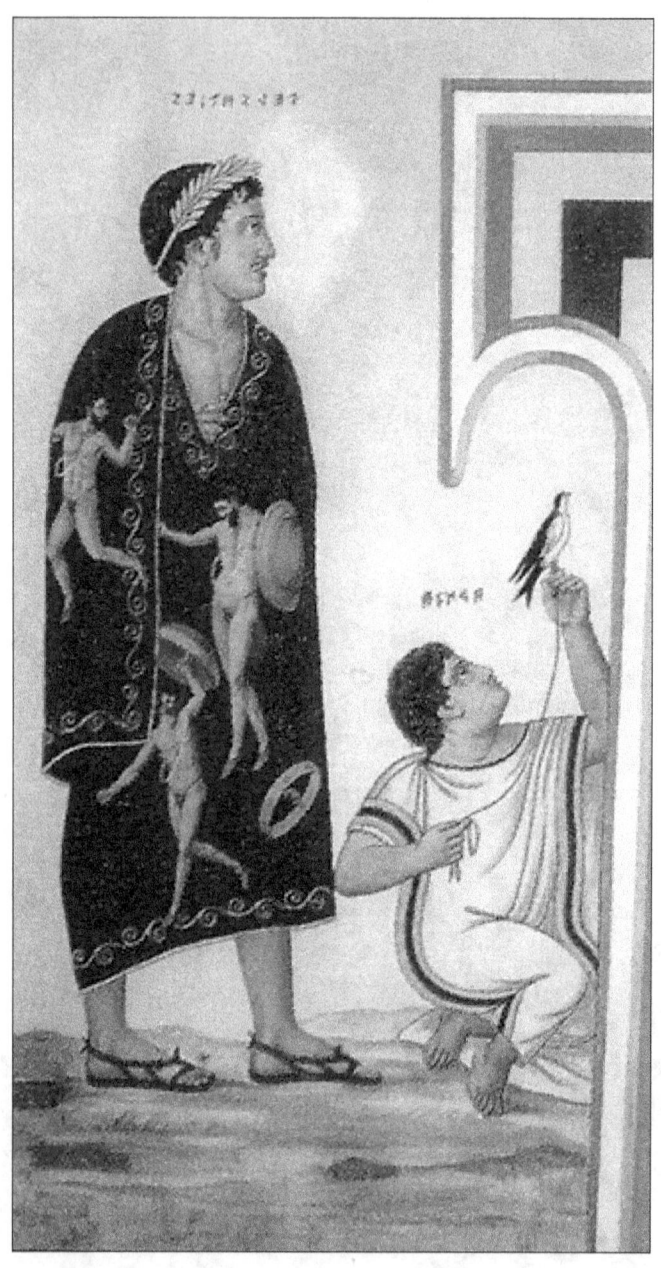

Il nobile volcente Vel Sathies, abbigliato con una splendida *toga picta* e la corona d'oro da trionfatore. probabilmente dopo una vittoria contro i Romani, osserva un picchio, uccello sacro a *Laran*- Marte, appollaiato sulla mano dello schiavo Arzna. Vulci, Tomba François, 340-330 a.C. (Disegno ottocentesco di Carlo Ruspi)

Urna cineraria in alabastro con scena di battaglia, da Volterra.
Londra, *British Museum*

Urna etrusca con scena di combattimento (Eteocle e Polinice). IV sec. a.C., da Volterra

Urna funeraria con il combattimento tra un cavaliere etrussco ed un guerriero celta

Sarcofago-delle-Amazzoni, lato principale. Particolare della lotta tra un oplita e un'amazzone. L'oplita indossa un linothorax e calza un elmo frigio; l'interno dello scudo ovale è dipinto di azzurro.

Firenze, Museo Archeologico Nazionale

Cippo a testa di guerriero dalla Necropoli di Crocifisso del Tufo (530 - 520 a. C.)
Orvieto, Museo C, Farina

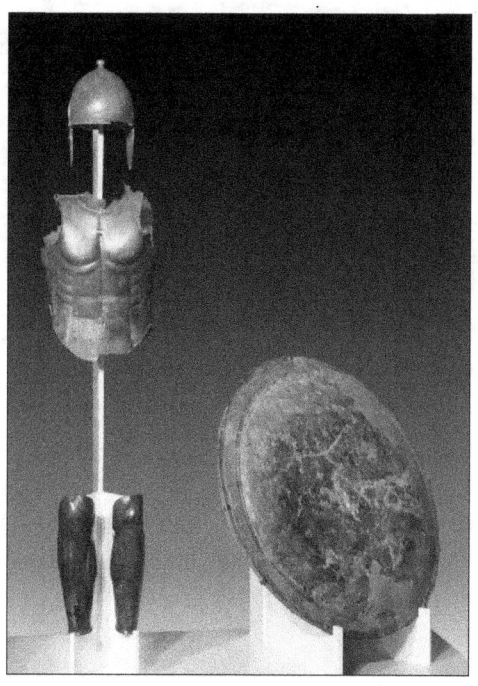

Panoplia dell'oplita volsininiense Larth Cuperes, figlio di Aranth, consistente in un *oplon* bronzeo, elmo di tipo Montefortino, corazza anatomica e schinieri, dalla Tomba del Guerriero, rinvenuta nel 1863 in località Settecamini a Porano IV sec- a.C. (Orvieto). Orvieto, Museo Archeologico Nazionale

Tipi di scudi oplitici etruschi dal VI al III secolo a.C.
raffigurati negli affreschi funerari e sulla ceramica

Castone di anello etrusco con Achille indossa le proprie armi, osservato da Velchans (Hephaistos), raffigurato storpio. che gli regge lo scudo, e sua madre Teti.
Malibu, Getty Museum.

FASTI CONSULARES AC TRIUMPHALES
(736- 264 a.C.)

Il calendario ufficiale romano era di solito accompagnato dalla lista dei magistrati eponimi, per cui si affermò l'uso di indicare con il nome di *Fasti Consulares* le liste dei consoli; in seguito la consuetudine fu estesa alle liste dei trionfi dei generali (*Fasti Triumphales*), che indicavano il nome del trionfatore ed il popolo sconfitto.

I *Fasti consolari e trionfali* erano incisi sui piloni dell'arco di Augusto nel Foro Romano votato nel 723 a.U.c.- 31 a.C. dopo il trionfo aziaco, o anche sull'arco eretto negli anni 736- 737 a.U.c.- 18-17 a.C. dopo il trionfo partico.

I frammenti delle tavole dei *Fasti* rinvenuti nel 1546 e ricomposti nel palazzo dei Conservatori in Campidoglio sono indicati con il nome di *Fasti capitolini*: quelli consolari registrano la serie dei consoli dall'inizio dell'età repubblicana al 766 a.U.c.- 13 d.C.; quelli trionfali vanno da Romolo sino a Lucio Cornelio Balbo (735 a.U.c.-19 a.C.). Base per la loro redazione furono probabilmente gli *Annales maximi* compilati raccogliendo le notizie della cronaca che i pontefici massimi redigevano anno per anno fissandovi il ricordo degli avvenimenti più significativi Abbiamo inclusi tutti i trionfi celebrati sui vari popoli etruschi dal sedicesimo anno del regno di Romolo (16 a.U.c.- 736 a.C.) sino alla distruzione di *Volsinii* (490 a.U.c.- 264 a.C.).

La *lectio* è quella del classico lavoro di J. G. Baiter, *Fasti consulares triumphalesque Romanorum ad fidem optimorum auctorum, recognovit et indicem adiecit Io. Georgius Baiterus*, Erfurt 1837, p. CL

An XVI. Idib. Octobr.
Romulus Silvius Rex III. *de Veientibus et Fidenatibus*[161]

An. XC.
Tullus Hostilius Hosti f. Hosti n. Rex II. *de Fidenatibus*

An. CXV :
Ancus Marcius Numae f. Numae n. Rex *de Veientibus*

An.CXX:
L. Tarquinius Damarati f. Priscus Rex II. *de Etrusceis*

VI. K. Dec. A. CXXCII
Ser. Tullius Rex *de Etruscis*

. A. CXXCVI. VIII. K. Iun
Ser. Tullius Rex II. *de Etruscis*

An. CXXC. IIII. Non.Iun.

---

[161] Per l'età monarchica, il numero indica il numero di trionfi riportato dal re: per Romolo si tratta del terzo trionfo dopo quello riportato su *Cenina* e quello su *Cameria*.

Ser. Tullius Rex III. *de Etrusceis*

An. CCL. III. Non. Apr.
P. Valerius Volusi f. Poplicola Cos. *de Veientibus Tarquiniensibusque*[162]

An. CCXLIX. Nonas Mai.
P. Valerius Volusi f. Poplicola II. Cos. IIII. *de Sabineis et Veientibus*

An. CCLXXIIX. K. Mai.
P. Valerius P. f. Volusi f. Poplicola Cos. *de Veientibus Sabineisque*

An. CCLXXIX. Idibus Mart.
A. Manlius Cn. f. P. n. Vulso Cos. ovans *de Veientibus*

An. CCCXVI. Idib. Sept.
Mam. Aimilius M. f. Mamercinus Dict. *de Veientibus Falisceis et Fidenatibus*

An. CCCXXV
A. Cornelius Cossus Cos. *de Veientibus*. Isque spolia opima rettulit duce hostium Larte Tolumnio Rege ad Fidenas occiso

An. CCCXXVII
Mam. Aimilius M. f. Mamercinus II. Dict. III. *de Veientibus Fidenatibusque*[163]

An. CCCLVII
M. Furius L. f. Sp. n. Camillus Dict. *de Veientibus*[164]

An. CCCLXIIII
M. Furius L. f. Sp. n. Camillus III. Dict. III. *de Volsceis Aequeis et Etrusceis*[165]

An. CCCXCVII. Pridie Non. Mai.
C. Marcius L. f. C. n. Rutilius Dict. *de Tusceis* [sic per *Etrusceis*]

An. CDXLII. Idibus Sext.
Q. Aimilius Q. f. L. n. Barbula Cos. II. *de Etrusceis*[166]

An. CDXLIV. Idibus Nov.
Q. Fabius M. f. N. n. Maximus Rullianus II. proCos. *de Etrusceis*[167]

An. CDL.II. X. K. Dec.
M. Valerius M. f. M. n. Corvus IV. Dict. II. *de Marseis et Etrusceis*

.An. CDLV. Idibus Nov.

---

[162] Battaglia della *Silva Arsia*. Gli Etruschi tentavano di restaurare sul trono Tarquinio il Superbo.
[163] Distruzione di Fidene.
[164] Conquista di Veio.
[165] Disfatta degli Etruschi a *Sutrium*
[166] Nella vcampagna che vide l'attraversamento della *Silva Ciminia*.
[167] Battaglia del lago Vadimone.

Cn. Fulvins Cn. f. Cn. n. Maximus Centumalus Cos *de Samnitibus Etrusceisque*

An. CDLIIX Prid. Non. Sept.
Q. Fabius M. f , N. n. Maximus Rullianus III. Cos. V.. *de Samnitibus et Etrusceis Galleis*[168]

An. CDLIX. VI. K. Apr.
L. Postumius L. f. Sp. n. Megellus Cos. II. *de Samnitibus et Etruscis*

An. CDLXX.
P. Cornelius Dolabella Maximus Cos. *de Etrusceis et Galleis Senonibus*[169]

An. CDLXXI. III. Nonas Mart.
C. Fabricius C. f. C. n. Luscinus Cos. *de Etrusceis Galleisque*

An. CDLXXII. K. April.
Q. Marcius Q. f. Q. n. Philippus Cos. *de Etrusceis*

An. CDLXXIII. K. Febr.
Ti. Coruncanius Ti. f. Ti. n. Cos. *de Vulsiniensibus et Vulcientibus*

An. CDXXCIX. K. Nov.
M. Fulvius Q. f. M. n. Flaccus Cos. *de Vulsiniensibus*[170]

---

[168] Battaglia di *Sentinum*.
[169] Seconda battaglia del lago Vadimone.
[170] Sacco e distruzione di *Volsinii Veteres*.

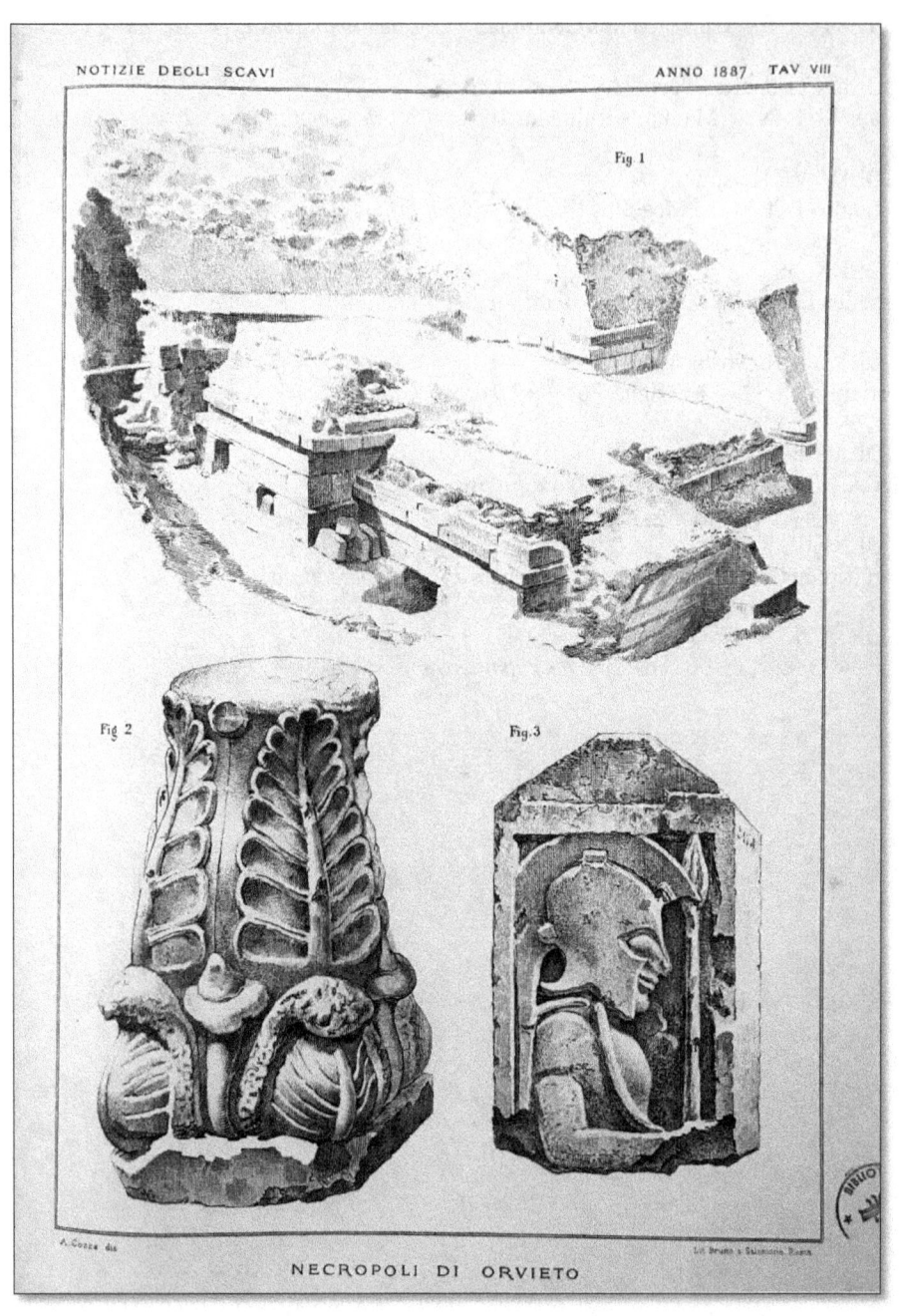

Tavola VIII da *Notizie degli Scavi di Antichità* (settembre 1887), con il disegno della *stele del Guerriero* realizzato da Adolfo Cozza.
La stele, rinvenuta nella necropoli del Crocifisso del Tufo ad Orvieto raffigura l'oplita volsiniense *Larth Cupures, figlio di Aranth*, indossante un elmo corinzio a cresta.

BIBLIOGRAFIA ESSENZIALE

Diodoro Siculo, *Biblioteca storica*
Dionigi d'Alicarnasso, *Antichità Romane*
Tito Livio, *Ab Urbe condita Historiarum libri*
Publio Ovidio Nasone, *Fasti*
Plutarco, *Vite Parallele: vita di Camillo*
Polibio, *Storie*
Servio, *Commentarii in Vergilii Aeneidos libros*
Silio Italico, *De Bello Punico*
Strabone, *Geographikà*

AAVV, *Etrusca et Italica: scritti in ricordo di Massimo Pallottino*, 2 voll., Pisa-Roma 1997
AAVV, *Gli Etruschi e Roma: atti dell'incontro di studio in onore di Massimo Pallottino, Roma 11-13 dicembre 1979*, Roma 1981.
AAVV, *Gli Etruschi e Roma. Fasi monarchica e alto-repubblicana*, Atti del XVI Convegno Internazionale di Studi sulla Storia e l'Archeologia dell'Etruria, Annali della Fondazione per il Museo "Claudio Faina", Orvieto 2009
A.A. V.V., *La grande Roma dei Tarquini*, Roma 1990
G. Bartoloni (a cura di), *Introduzione all'etruscologia*, Milano, 2012
A. Cherici, *Guerra e società degli Etruschi*, Roma 2021
M. Cristofani (ed.), *La grande Roma dei Tarquini*, Roma 1990
J. G. Baiter, *Fasti consulares triumphalesque Romanorum ad fidem optimorum auctorum, recognovit et indicem adiecit Io. Georgius Baiterus*, Erfurt 1837
L. L. Brice (ed.), *Warfare in the Roman Republic: from the Etruscan Wars to the Battle of Actium*, Oxford 2014
G. Brizzi, *Storia di Roma. 1. Dalle origini ad Azio,* Bologna, 1997
G. Brizzi, *Il guerriero, l'oplita, il legionario. Gli eserciti nel mondo antico*, Bologna 2002
G. Camporeale, *Gli etruschi. Storia e civiltà*, Torino 2015.
G. Cascarino, *L'esercito romano. Armamento e organizzazione*, I, *Dalle origini alla fine della repubblica*, Rimini 2007
G. Clemente, "Basi sociali e assetti istituzionali nell'età della conquista" in A. Momigliano; A. Schiavone (a cura di), *Storia di Roma*. Vol. II/1, Torino 1990
G. Clemente, *Dal territorio della città all'egemonia in Italia*, in A. Momigliano; A. Schiavone (a cura di), *Storia di Roma,*. Vol. II/1, Torino 1990
P. Connolly, *Hannibal and the Enemies of Rome*, London 1978
P. Connolly, *Greece and Rome at War*, London 2008
N. Constable, *Historical atlas of ancient Rome*, New York 2003
T. J. Cornell, *The Beginnings of Rome. Italy and Rome from the Bronze Age to the Punic Wars (c. 1000–264 BC),* New York, 1995
R. H. Cowan, *Roman Conquests. Italy,* London 2012

M. Cristofani, " Ricerche sulle pitture della tomba François di Vulci. I fregi decorativi", *Dialoghi di Archeologia*,1, 1967
M. Cristofani, *Dizionario della civiltà etrusca*, Firenze 1985
B. D'Agostino, "Military Organisation and Social Structure in Archaic Etruria", in O. Murray, S. Price (eds), *The Greek City: From Homer to Alexander*, Oxford 1990
R. D'Amato, A. Salimbeni, *Gli Etruschi. Una storia militare. IX- II secolo a.C.*, tr.it. Gorizia 2019G. della Fina and E. Pellegrini (edd), *Da Orvieto a Bolsena: un Percorso tra Etruschi e Romani*, Pisa 2013.
G. Dennis, *The Cities and Cemeteries of Etruria*, I, London 184.
G. Devoto, *Gli antichi Italici*, 2ª ed., Firenze, 1951
J. Drogo Montagu, *Battles of the Greek & Roman World*, London 2000
A. Emiliozzi (cur.), *Carri da guerra e principi etruschi*, catalogo della mostra, Roma 2001
G. Esposito, *I guerrieri dell'Italia antica*, Gorizia 2018
N. Field, *Early Roman Warrior 753–321 BC*, Oxford 2011
I. Fossati, *Gli eserciti etruschi*, Milano 1987
A. Fraschetti,"Ovidio, i Fabii e la battaglia del Cremera", *Mélanges de l'École française de Rome,* 110 (1998), p. 737-752.
A. Frediani, *Le grandi guerre di Roma. L'età repubblicana: dalla guerra di Veio alle guerre galliche, dalle guerre puniche alle guerre partiche*, Roma 2018
E. Gabba, *Dionigi e la storia di Roma arcaica*, Bari 1996.
M. Gras, "La piraterie tyrrhénienne en mer Egée: mythe ou réalité?", *L'Italie préromaine et la Rome républicaine. Mélanges offerts à J. Heurgon*, vol. 1, Roma, 1976, pp. 341-370
D. Head, *Armies of Macedonian and Punic Wars, 359 bC to 146 bC*, Goring- by- Sea 1982
P. J. Holliday,"Narrative Structures in the François Tomb", *Narrative and Event in Ancient Art*, Cambridge, 1988
M. Jehne, *Roma nell'età della repubblica*, tr.it. Bologna 2008
J. MacIntosh Turfa (cur.), *The Etruscan World*, London New York 2013
E. Massi, Gli 'Elogia degli Spurinna'", *Bollettino della Società Tarquiniese di Arte e Storia*, 21, 1992
P. Matyszak, *The enemies of Rome*, London, 2004,
S. Mazzarino, *Dalla monarchia allo Stato Repubblicano*, Catania 1945
S. Menichelli, F. Magno, G.P. Orsingher, *Etruschi guerrieri*, Viterbo 2008
T. Mommsen, *Storia di Roma*, tr. it., Firenze 1972
R. M. Ogilvie, *Early Rome and the Etruscans*, New York 1976
M. Pallottino, *Testimonia linguae Etruscae. Selegit recognovit et indice verborum instruxit*, 2a ed. Firenze 1968
M. Pallottino, *Genti e culture dell'Italia preromana*, Roma 1981
M. Pallottino, *Storia della prima Italia*, Milano 1984
M. Pallottino, *Origini e storia primitiva di Roma*, Milano 2000
M. Pallottino, *Etruscologia*, 7a ed. Milano 2016
A. Piganiol, *Le conquiste dei Romani*, tr.it. Milano1989
F. Prayon, *Gli Etruschi*, tr. it. Bologna 1999

l. Pulcinelli, *L'Etruria meridionale e Roma: insediamenti e territorio tra IV e III secolo a.C.*, Roma 2016

P. Romeo di Colloredo, *Le guerre sannitiche 343- 290 a.C.*, Bergamo 2020

P. Romeo di Colloredo, *Etrusca Disciplina. L'indissolubile legame tra Roma e l'Etruria*, Bergamo 2022

A. Rouveret (eds.), *Guerres et sociétés en Italie aux Ve et IVe siècles avant J.-C. Les indices fournis par l'armement et les techniques de combat, Table-ronde E.N.S. Paris, 5 mai 1984*, Paris 1986

E.T. Salmon,, *The Making of Roman Italy*, London 1982.

C. Saulnier, *L'armée et la guerre dans le monde etrusco- romain, VIII- IV siécles*, Paris 1980

M. Scardigli, *La lancia, il gladio, il cavallo. Uomini, armi e idee nelle battaglie dell'Italia antica*, Milano 2010

H. H. Scullard, *Storia del mondo romano*, tr.it. Milano 1992

N. Sekunda, *Early Roman Armies*, Oxford 1997

P. Sommella, *Antichi campi di battaglia in Italia, contributi all'identificazione topografica di alcune battaglie d'età repubblicana* - Roma 1967

C. Smith, *Gli Etruschi*, tr. it. Milano 2018

M. Sordi, *Prospettive di storia etrusca*, Como 1995

R. A. Staccioli, *Storia e civiltà degli Etruschi*, Roma 1984

E. Tassi Scandone, *I Tarquini. Dalla monarchia alla repubblica*, Milano 2022

E. Tassi Scandone, *Porsenna. Gli Etruschi, civilizzatori sconfitti*, Milano 2022

M. Torelli, *Storia degli Etruschi*, Roma- Bari 1997

M. Torelli, "Per la storia dell'Etruria in età imperiale", in *Rivista di Filologia*, 99 (1971), pp. 489-501

M. Torelli., *Elogia Tarquiniensia*, Firenze 1975

M. Torelli, "Italia, *regio VII* (Etruria)", in *Epigrafia e ordine senatorio, II. Atti del Colloquio Internazionale AIEGL (Roma, 14-20 maggio 1981)*, Roma 1982, pp. 275-299

M. Torelli.,"I duodecim Populi Etruriae", in *Annali Fondazione Faina*, 2 (1985), pp. 37-53

M. Torelli, "Tarquitius Priscus *haruspex* di Tiberio", in M. Pandolfini (cur.) *Archeologia in Etruria Meridionale*, Roma, 2006, pp. 249 segg.

M. Torelli, *Gli Spurinas. Una famiglia di principes nella Tarquinia della "rinascita"*, Roma 2015

M. Torelli, "L'Etruria di Virgilio: immaginario e realtà", *Magno e Latio totaque Ausonia: etnografia virgiliana e Italia augustea, Mélanges de l'Ecole française de Rome*, 129- 1 (2017)

M. Torelli, A.M. Sgubini Moretti (edd.), *Etruschi. Le antiche metropoli del Lazio*, Milano 2008

F. Vallocchia, *Furio Camillo. Roma sottomette il Lazio*, Milano 2022

www.ingramcontent.com/pod-product-compliance
Lightning Source LLC
LaVergne TN
LVHW081538070526
838199LV00056B/3702